Jürgen Buchert

PC nach Maß

Checklisten und Entscheidungshilfen

Jürgen Buchert

PC nach Maß

Checklisten und Entscheidungshilfen

Friedr. Vieweg & Sohn   Braunschweig / Wiesbaden

1986
Alle Rechte vorbehalten
© Friedr. Vieweg & Sohn Verlagsgesellschaft mbH, Braunschweig 1986

ISBN 978-3-663-00072-3   ISBN 978-3-663-00223-9 (eBook)
DOI 10.1007/978-3-663-00223-9

Inhalt

1 Organisation und Wirtschaftlichkeit

1.1 Vorbemerkungen

1.1.1 Die Stufen der DV-Entscheidung

Sie kamen bisher ohne Elektronische Daten-Verarbeitung (EDV) zurecht? Aber was ist, wenn Ihre Wettbewerber Sie unterbieten, weil sie genauer kalkulieren können? Oder was ist, wenn Ihre Wettbewerber Sie nicht unterbieten, weil sie genauer kalkulieren können?

Informationen werden für die erfolgreiche Unternehmensführung immer wichtiger. Führungskräfte brauchen immer mehr Informationen, die immer besser aufbereitet sein müssen, damit sie ihr Unternehmen erfolgreich durch den Wettbewerb führen können. EDV ist der Weg zur Informationsaufbereitung, der immer mehr Bedeutung gewinnt.

Ein EDV-System ist nicht gut oder schlecht, es ist nur für die Situation des einzelnen Anwenders geeignet oder ungeeignet. Eignung bedeutet für Sie, daß Sie mit Hilfe des Systems Ihre Ziele erreichen. Also zuerst: Ziele festlegen.

Ein EDV-System hat drei wesentliche Merkmale, die Sie im Sinne Ihrer Ziele aufeinander abstimmen müssen:

o das Verfahren, mit dem das Ziel erreicht werden soll (Programme oder Software genannt),

o das Gerät, um das Verfahren abzuwickeln (Computer, Rechner oder Hardware genannt) und

o die Partner, die Software und Hardware kennen (Beratung, Unterstützung).

Die EDV ist kein neues Instrument mehr, aber ihre Verbreitung war aus Kostengründen auf wenige und größere Unternehmen begrenzt. Bei vielen mittelständischen Führungskräften (Inhabern und verantwortlichen Mitarbeitern) sind daher noch nicht genug Erfahrungen vorhanden, wie mit diesem Instrument umzugehen ist, wie die neuen Verfahren und Geräte genutzt werden, wie die Kontakte mit den Partnern aussehen können. Dieses Arbeitsbuch soll den Weg in die EDV mit praktischen Tips erleichtern.

Der Aufbau dieses Arbeitsbuchs hilft Ihnen in allen Stufen der EDV-Entscheidung. Vielleicht überrascht Sie die Reihenfolge der Kapitel: der Computer wird erst am Ende beschrieben. Die Reihenfolge ist notwendig, wenn Sie eine Aufgabenlösung suchen (und nicht nur eine Maschine!).

1. Festlegung der Ziele (Arbeitsgebiete)

   Vielleicht haben Sie schon konkrete Vorstellungen vom EDV-Einsatz in Ihrem Unternehmen, dann können Sie Ihre Überlegungen noch einmal überprüfen. Wenn nicht, erarbeiten Sie das Zwischenergebnis 1: Rationalisierungsbedarf

2. Auswahl der geeigneten Software

   Die Software muß die betrieblichen Aufgaben lösen. Je genauer Sie Ihre Arbeitsgebiete beschreiben, desto besser paßt die auszuwählende Software in Ihren Betrieb. Bis zum Zwischenergebnis 2 erarbeiten Sie die Pflichtenhefte für die einzelnen Arbeitsgebiete und die Software-Anfragen.

3. Ermittlung der geeigneten Hardware

   Die Software läuft nicht ohne Hardware. Die Hardware muß geeignet sein, die Software zu verarbeiten. Sie ist nur so gut für Ihr Unternehmen, wie die Software geeignet ist. (Gute Hardware mit ungeeigneter Software bringt keinen Nutzen.) Bis zum Zwischenergebnis 3 erarbeiten Sie die Anforde-

rungen der Software an die Hardware. Bis zum Zwischenergebnis 4 erarbeiten Sie die organisatorischen Anforderungen an die Hardware und die Hardware-Anfragen.

4. Zusammenarbeit mit den richtigen Partnern

Software und Hardware sind für den Anwender nur dann geeignet, wenn er die richtige Einführung und Betreuung erhält.
Es kommt von Anfang an darauf an, mit den richtigen Partnern
zusammenzuarbeiten. Ihr System ist nur so gut wie die Betreuung. Sie benötigen die Unterstützung durch Anbieter,
Versicherung, Wartung, Beratung, Finanzierung, Förderung.
Sie erfahren wichtige Bedingungen und Adressen.

Am Anfang jedes dieser Kapitel erfahren Sie, was Sie mit dem
Kapitel erreichen können. Im Hauptteil sind die Informationen
beschrieben, die für Sie als Anwender wichtig sind. Darauf auf-
bauend sind Ihre Aktivitäten beschrieben, die Sie zur richtigen
Entscheidung führen sollen. Am Ende jedes Kapitels ist eine
Zusammenfassung vorbereitet, die Sie ausfüllen und als indivi-
duelles Zwischenergebnis verwenden können.

1.1.2 Auswahlprobleme

Eine bekannte PC-Fachzeitschrift hat renommierte PC-Hersteller
nach ihrer Empfehlung gefragt: Zwei Problemsituationen wurden
detailliert beschrieben; die Hersteller sollten angeben, ob sie
in ihrem Sortiment Computer zur Lösung dieser Aufgaben haben
und was die Rechner in angemessener Ausstattung kosten.

Die Empfehlungen der Hersteller in Kurzform (Zeichenerklärung:
jeder * stellt 2000 DM dar)

```
Her-  Situation 1         Situation 2
steller    DM                  DM


  A     4135 **             6820 ***
  B     4657 **             8895 ****
  C     8750 ****          21500 **********
  D    18269 ********      63811 ********************************
  E    10000 *****         32000 ****************
  F    11799 ******        18799 *********
  G    10300 *****         17400 *********
  H    14746 *******       22674 ***********
  I     6000 ***           34000 *****************
```

So streuten die Ergebnisse:

```
Minimum  4135 **             6820 ***
Maximum 18269 ********      63811 *********************************
```

Bei der ersten Situation soll der Anwender von zwei Systemen
die angeblich gleiche Eignung erhalten, deren Anschaffungskosten im Verhältnis 1:4 stehen. Bei der zweiten Situation
verhalten sich die Anschaffungskosten sogar wie 1:9.

Die Umfrage zeigt nicht, daß die Hersteller fachlich nicht in
der Lage wären, eine EDV-Aufgabe sinnvoll zu lösen.

Das Ergebnis der Umfrage zeigt auch dem EDV-Einsteiger,

o wie stark die Verkaufsinteressen sind,
o wie wenig die Anbieter auf die Belange des Anwenders eingehen.

Die Konsequenz: wenn der Anwender nicht genug Informationen hat, um selbst zu entscheiden, muß er schon Glück haben, um die richtige Lösung zu bekommen.

Dieses Arbeitsbuch soll Ihnen helfen, von einseitigen Informationen unabhängig zu werden, die richtigen Partner zu finden und konstruktiv-kritisch über den PC-Einsatz zu entscheiden.

1.1.3 Fakten

Trends

Marktforschungsergebnisse im EDV-Bereich weichen zahlenmäßig voneinander ab, aber die Tendenz ist einheitlich. Eine Prognose kündigt z.B. an, daß sich innerhalb von vier Jahren der Bestand der kommerziell genutzten Personal Computer verdreifacht (von 400.000 auf 1.200.000).

Das Zahlenverhältnis zwischen den zukünftig eingesetzten Rechnern und der Gesamtzahl der Unternehmen im Bundesgebiet sagt aus, daß in absehbarer Zeit durchschnittlich jedes zweite Unternehmen (vom Ein-Mann-Betrieb bis zum Großunternehmen) einen Rechner einsetzt.

Kosten

Für jede Mark, die für einen Computer ausgegeben wird, werden weitere ein bis zwei Mark für Programme, Einführungskosten und Beratung ausgegeben. Die tatsächlichen Kosten sind also zwei- bis dreimal so hoch wie der Kaufpreis des Rechners. Wenn Sie z.B. einen Rechner für DM 10.000 kaufen, müssen Sie mit Folgekosten von weiteren DM 10.000 bis DM 20.000 rechnen, bis Sie das gewünschte Ergebnis erreichen.

Nutzung

Von allen verkauften Personal Computern sind

```
     20 %              50 %                30 %
I--------------I-----------------------------I----------------I
   optimal          halb                  nicht
   genutzt          genutzt               genutzt
```

Organisation

Wenn z.B. ein PKW durch einen neuen ersetzt wird, ist das eine Ersatzinvestition, wahrscheinlich wird nicht beabsichtigt, daß sich der Betriebsablauf ändert. Ganz anders ist es beim Computer, der ähnlich viel wie ein PKW kosten kann. Ein Computer, wird üblicherweise als Rationalisierungsinvestition gedacht, die den Betriebsablauf und den Informationsfluß verändern soll. Gründliche Vorbereitung ist daher eine Existenzfrage:

o im schlimmsten Fall wird der Betriebsablauf gestört, wirtschaftliche Nachteile treten ein, die die Investition noch übersteigen,

o im ungünstigen Fall wird das Ziel nicht erreicht, der Betriebsablauf bleibt der alte, der Rechner ist eine Fehlinvestition,

o im besten Fall wird das Rationalisierungsziel erreicht, die erwarteten Vorteile treten ein.

Entscheidungen über den Computereinsatz sind weder schwieriger noch riskanter als andere Entscheidungen, wenn die Entscheidungskriterien beachtet werden. Im Vordergrund darf nicht der Wunsch stehen, "auch modern" zu sein, sondern die nüchterne Überlegung, welchen Nutzen der Rechner bringen soll.

1.1.4 Beispiele

Einige Erfahrungsberichte von PC-Anwendern sollen in Stichworten die Auswirkungen zeigen:

Eisenwarenhändler Uwe S., Hamburg:

  "Ich habe jetzt eine exakte Kontrolle über meine 10000
  Artikel."

  Besonderheit: "Krämerladen", in dem jede Schraube noch ein-
  zeln verkauft wird

  Lösung: IBM-PC und Software

  Ergebnisse: "Wenn heute zum Beispiel ein Lieferant seine
  Preise um 3 Prozent anhebt, kann ich sofort für alle betref-
  fenden Artikel die neuen Preisetiketten drucken". Der Lagerbestand wurde um 30 Prozent reduziert

  Erfahrung: "Das hat nur geklappt, weil ich nicht zum Groß-
  markt gegangen bin und dort den billigsten Computer mitge-
  nommen habe. Was Sie brauchen, ist eine fachmännische Betreuung. Das ist zwar etwas teurer, aber auf die Dauer
  gesehen preiswerter."

Elektromeister Emil B., Stuttgart:

  "Ich weiß jetzt bei jeder Baustelle genau, ob ich rentabel
  arbeite."

  Besonderheit: Es ist erforderlich, die Montagezeiten in den
  Griff zu bekommen

  Lösung: Taylorix-Microcomputer mit Standardprogramm für
  Elektrohandwerk

Ergebnis: Die Ergebnisse wurden um 40 Prozent verbessert

Erfahrung: "Sie müssen systematisch vorgehen: Anforderungs-
profil entwickeln - nach der richtigen Software schauen -
die passende Hardware prüfen - sich das alles in der Praxis
ansehen - erst dann entscheiden. Im Mittelpunkt muß immer
das Branchenprogramm stehen, nicht der Computer."

Bäckermeister Heinz B., Rosenheim:

"Ohne Computerhilfe hätte ich meine Filialen nie in den
Griff bekommen."

Besonderheit: ein Dutzend verschiedene Brötchen, zwei Dutzend Sorten Brot, zusätzlich Teilchen, Kuchen, drei Filialen

Lösung: Computer HP 150, Branchensoftware

Ergebnis: permanenter Überblick mit Artikel-, Kosten- und
Ertragskontrolle, einschließlich Backplanung und Fakturierung

Erfahrung: "Ohne Eigeninitiative läuft gar nichts. Die wichtigste Hilfestellung hat mir ein Bürofachhändler in der
Nachbarschaft gegeben. Ohne lokalen Service würde ich heute
keinen Micro kaufen."

Fußwegreiniger Michael F., Frankfurt:

"Endlich ist das Rechnungschreiben kein ständiges Ärgernis
mehr."

Besonderheit: Hunderte von Kunden: Kommunen und Privatleute,
Gehwege fegen, Schnee räumen, bei Glatteis streuen

Lösung: Ericsson-Computer, Fakturierprogramm

Ergebnis: "Für die monatliche Rate von DM 1550 bekomme ich noch nicht mal eine Sekretärin."

Erfahrung: "Computer ja, aber keinen, der in einem Jahr schon wieder überholt ist. Ich kann später die Einplatzanlage zu einer Mehrplatzanlage erweitern, ohne die ganzen Programme neu kaufen zu müssen."

1.2 Rationalisierungsbedarf

1.2.1 Checkliste

Die folgenden Seiten dienen dazu, Ihren individuellen EDV-
Bedarf zu ermitteln. Zu den wichtigsten Einsatzgebieten der
Personal Computer sind jeweils sechs Fragen genannt, die Sie in
Ihrem eigenen Interesse möglichst ehrlich beantworten sollten,
d.h. ohne Zweckoptimismus oder -pessimismus. Die vorbereiteten
Arbeitsgebiete sind:

o   Adressenverwaltung
o   Textverarbeitung
o   Angebote und Aufträge
o   Fakturierung und Mahnung
o   Finanzbuchhaltung
o   Betriebswirtschaft
o   Lagerhaltung
o   Lohn- und Gehaltsabrechnung

Wenn speziell für Ihr Unternehmen andere Einsatzgebiete wichtig
sind, bewerten Sie sie bitte mit eigenen Kriterien in der
abschließenden Zusammenstellung.

Sie können für jede Frage eine der folgenden Antworten wählen
(bitte nur eine!):

J = ja   wenn Sie der Frage zustimmen können
? = weiß nicht   wenn Sie jetzt nicht genug Informationen haben
N = nein   wenn Sie der Frage nicht zustimmen können
E = entfällt   wenn diese Frage bei Ihnen keine Rolle spielt

Kreisen Sie die Punktzahl in der Spalte ein, die Ihrer Antwort
entspricht.

Erläuterung: ja = J

                                         weiß nicht =   ?

                                               nein =   N

                                           entfällt =   E

ADRESSENVERWALTUNG   J   ?   N   E

----

o Sind Ihre Adressen immer vollständig,
  aktuell, richtig, ohne "Karteileichen"?   0   1   3   0

o Verwenden Sie einen gemeinsamen Adressenbestand
  für Korrespondenz, Aufträge, Werbung etc?   0   1   4   0

o Benötigen Sie Auszüge aus Ihrem Adressenbestand,
  z.B. PLZ, Kunden/Lieferanten, Umsatzklassen etc.?   3   1   0   0

o Können die Adressen bei Bedarf sicher und einfach
  ausgewählt und bereitgestellt werden?   0   1   2   0

o Führt das Bereitstellen von Adressen zu Engpässen
  in Ihrer Verwaltung?   2   1   0   0

o Können die Adressen ohne zusätzliches Abschreiben
  für Etiketten, Listen, Briefe verwendet werden?   0   1   4   0

```
Erläuterung:                                 ja  =  J
                                     weiß nicht  =      ?
                                           nein  =          N
                                       entfällt  =              E
```

TEXTVERARBEITUNG   J ? N E

----

o Schreiben Sie oft gleiche oder ähnliche Texte an
  unterschiedliche Adressen, z.B. Werbebriefe?   4 1 0 0

o Schreiben Sie oft umfangreiche Texte, z.B.
  Angebote, Gutachten, Veröffentlichungen, Berichte? 2 1 0 0

o Werden Ihre Texte nach dem Schreiben oft über-
  arbeitet oder korrigiert?   3 1 0 0

o Können Sie für neue Texte teilweise oder
  vollständig frühere Formulierungen verwenden?   3 1 0 0

o Wiederholen sich in einer Geschäftsbeziehung
  Textteile, z.B. Angebot, Auftragsbestätigung,
  Lieferschein, Rechnung, Mahnwesen?   4 1 0 0

o Setzen Sie in Ihrer Verwaltung Formulare
  anstelle individueller Schreiben ein?   2 1 0 0

Erläuterung: ja = J

                                           weiß nicht =   ?

                                                  nein =   N

                                             entfällt =   E

- -

ANGEBOTE UND AUFTRÄGE   J   ?   N   E

- -

o Schreiben sie Ihre Angebote ausschließlich
  während der Geschäftszeit?   0   1   2   0

o Arbeiten Sie mit unterschiedlichen Konditionen,
  abhängig von Kunden, Artikeln, Aufträgen?   2   1   0   0

o Haben Sie alle wichtigen Kundeninformationen übersichtlich zusammen, z.B. Konditionen, Umsätze?   0   1   3   0

o Brauchen Sie für unterschiedliche Aufträge immer
  wieder gleiche/ähnliche Artikelinformationen?   3   1   0   0

o Müssen Sie oft Auskünfte zum aktuellen Stand
  einzelner Aufträge geben?   4   1   0   0

o Können Sie bei Bedarf kurzfristig den Auftrags-
  bestand und -rückstand erfahren?   0   1   3   0

Erläuterung: ja = J

                                        weiß nicht =   ?

                                               nein =   N

                                           entfällt =   E

FAKTURIERUNG UND MAHNUNG   J ? N E

----

o Arbeiten Sie überwiegend mit Barzahlern?   0 1 3 0

o Schreiben sie Ihre Rechnungen ausschließlich
  während der Geschäftszeit?   0 1 2 0

o Sind Sie mit der Pünktlichkeit Ihrer Rechnungs-
  ausgänge zufrieden?   0 1 4 0

o Ist die Preisermittlung für die Fakturierung
  mit Suchaufwand verbunden?   3 1 0 0

o Müssen aufgrund der Fakturierung Lagerbestände
  fortgeschrieben werden?   2 1 0 0

o Müssen aufgrund der Fakturierung Provisionen
  etc. ermittelt werden?   2 1 0 0

Erläuterung: ja = J
                                             weiß nicht =   ?
                                                   nein =   N
                                               entfällt =   E

- -
FINANZBUCHHALTUNG   J   ?   N   E
- -

o Haben Sie täglich Informationen über Ihre
  Forderungen?   0   1   3   0

o Haben Sie täglich Informationen über Ihre
  Verbindlichkeiten?   0   1   3   0

o Wissen Sie, mit welchen Kunden Sie welche
  Umsätze machen?   0   1   2   0

o Ist Ihre Buchhaltung tagfertig?   0   1   2   0

o Sind Sie mit der Pünktlichkeit Ihrer Zahlungseingänge zufrieden?   0   1   3   0

o Vergeben Sie Ihre Buchführung an einen Steuerberater / Buchführungshelfer?   2   1   0   0

Erläuterung:

ja = J

weiß nicht = ?

nein = N

entfällt = E

BETRIEBSWIRTSCHAFT J ? N E

----

o Sind Sie mit Ihren "Chefzahlen" bezüglich Aktualität, Vollständigkeit, Aussagefähigkeit zufrieden? 0 3 3 0

o Können Sie zu jedem Auftrag, Kunden und Artikel
  erfahren, ob Sie kostendeckend gearbeitet haben? 0 3 3 0

o Können Sie zu jeder Filiale/Kostenstelle sagen, ob
  sie kostendeckend gearbeitet hat? 0 3 3 0

o Arbeiten Sie mit einem Planungssystem (z.B. Liqui-
  ditäts-, Fertigungs-, Beschaffungs-, Kostenplan) 0 3 3 0

o Verlassen Sie sich bei wichtigen Entscheidungen
  (z.B. Investitionen) überwiegend auf Ihr Gefühl? 3 3 0 0

o Verlassen Sie sich bei Routineentscheidungen (z.B.
  Dispositionen) überwiegend auf "Erfahrungswerte"? 3 3 0 0

Erläuterung: ja = J

                                               weiß nicht =   ?

                                                     nein =   N

                                                 entfällt =   E

- -

LAGERHALTUNG   J   ?   N   E

- -

o Führen Fehldispositionen zu Auslieferungseng-
  pässen oder Überbeständen?   3   1   0   0

o Kennen Sie die Renner und die Lagerhüter Ihrer
  Produkte und Materialien?   0   1   3   0

o Kennen Sie die Umschlagshäufigkeit ihrer
  wichtigsten Produkte und Materialien?   0   1   3   0

o Brauchen Sie eine Lagerkartei für Ihre Produkte
  und Materialien?   3   1   0   0

o Unterliegen Ihre Bestände und Umsätze saisonalen
  Schwankungen?   3   1   0   0

o Brauchen Sie flexible Verfahren zur Bedarfs-
  rechnung (anstelle starrer Erfahrungswerte)?   3   1   0   0

Erläuterung: ja = J

                                   weiß nicht =   ?

                                         nein =   N

                                     entfällt =   E

- -

LOHN- UND GEHALTSABRECHNUNG   J   ?   N   E

- -

o Sind für Ihr Unternehmen außer Lohn und Gehalt
  andere EDV-Anwendungen sinnvoll?   2   1   0   0

o Zahlen Sie leistungsabhängige Löhne und Gehälter
  (z.B. Leistungslohn, Verkaufsprovisionen)?   2   1   0   0

o Hat Ihr Unternehmen weniger als zwanzig
  Mitarbeiter?   0   1   2   0

o Sind in Ihrem Unternehmen die Personalkosten
  stärker als andere Kostenarten gestiegen?   2   1   0   0

o Müssen Sie aus Gründen der "Geheimhaltung"
  Gehälter extern berechnen lassen?   0   1   2   0

o Haben Sie eine hohe Fluktuation?   2   1   0   0

Zusammenstellung:

1. Errechnen Sie die Summe der eigenen Punkte für jedes der genannten Arbeitsgebiete.

2. Tragen Sie die Summe in die folgende Tabelle ein (Spalte 2).

3. Wenn die eigenen Ergebnispunkte oberhalb der kritischen Grenze (Spalte 3) liegen (nur dann!), errechnen Sie die Differenz und tragen sie in die Spalte 4 ein:

1	2	3	4
Arbeitsgebiete:	eigene Ergebnis- Punkte	kritische Grenze	Differenz: eig.Ergebn - krit.Gr.
Adressenverwaltung		8	
Textverarbeitung		8	
Angebote und Aufträge		8	
Fakturierung und Mahnung		8	
Finanzbuchhaltung		8	
Betriebswirtschaft		8	
Lagerhaltung		8	
Lohn- und Gehaltsabrechnung		8	

Auswertung:

1. Wenn in mehr als drei der genannten Arbeitsgebiete die eigenen Ergebnispunkte oberhalb der kritischen Grenze liegen (Eintragung in Spalte 4), ist der Einsatz der EDV in enge Wahl zu ziehen.

2. EDV-geeignet sind alle Arbeitsgebiete, bei denen die eigenen Ergebnispunkte oberhalb der kritischen Grenze liegen.

3. Die Arbeitsgebiete mit den meisten Punkten in der Spalte 4 sind diejenigen, die Sie am intensivsten bezüglich des EDV-Einsatzes untersuchen sollten.

1.2.2 Kosten-Nutzen-Aspekte

Suchen Sie in Ihrem Unternehmen die Engpässe und versuchen Sie, diese zu beseitigen. Bei geschicktem Einsatz der Datenverarbeitung treten wahrscheinlich organisatorische Verbesserungen ein, z.B.

o schlagkräftige Organisation der Adressen und Texte für individuelle Korrespondenz und Werbebriefe,
o zufriedene Kunden durch termingerechte Abwicklung der Aufträge, Vermeidung überflüssiger Rückfragen,
o schnellerer Zahlungseingang durch pünktliche Fakturierung und Mahnung,
o aktuelle und lückenlose Liquiditätsübersicht und -planung,
o sichere Kalkulations- und Entscheidungsgrundlagen,
o Abbau der Lagerbestände, der Kapitalbindung und der Zinsbelastung,
o sichere Abrechnung der Personalkosten und Zuordnung der Kosten zu Aufträgen, Artikeln, Leistungen.

Neben solchen Vorteilen in den einzelnen Arbeitsgebieten kann ein Zeitgewinn für diejenigen entstehen, die bisher mit Routinearbeiten überlastet sind. Die Zeit kann für entscheidungsorientierte Aufgaben oder als Freizeit genutzt werden.

Versuchen Sie, den organisatorischen Nutzen in Zahlen auszudrücken: Was wäre es Ihnen wert, die Vorteile zu erreichen?

```
============================================================
!Wenn Sie pro Monat mindestens!  darf das EDV-System soviel  !
!   diesen Nutzen erwarten,    !Anschaffungskosten verursachen!
!------------------------------------------------------------!
!           75 DM              !        3000 DM               !
!          125 DM              !        5000 DM               !
!          200 DM              !        8000 DM               !
!          375 DM              !       15000 DM               !
!          625 DM              !       25000 DM               !
============================================================
```

So sind diese Zahlen entstanden: Die linke Spalte entspricht
den monatlichen Kosten für eine Anschaffung in Höhe der rechten
Spalte (Annahme: Leasingrate 2,5 Prozent pro Monat). Wenn Sie
Ihren Nutzen höher einschätzen als die Kosten der linken Spalte, lohnt sich die Investition.

1.2.3 Preisklassen

Die folgende Zusammenstellung gibt eine grobe Übersicht zu
Preis- und Leistungsklassen der Personal Computer. Eindeutige
Abgrenzungen sind nicht möglich, die Grenzen zwischen den Klassen sind fließend, die einzelnen Hard- und Software-Komponenten
sind in Grenzen austauschbar, z.B. leistungsstarker Drucker an
kleinem Rechner, einfache oder komfortablere Software.

Die Preisangaben gelten für die Summe der Hard- und Software.
Je größer der Rechner, desto enger sind die Verzahnungen zwi-
schen den Arbeitsgebieten. Mit steigender Größe steigt auch der
Aufwand für Einführung, Einarbeitung und Schulung.

Die Hinweise, für welche Aufgaben und Betriebe die jeweiligen
Systeme geeignet sind, sollten Sie nur als Orientierungshilfen
betrachten, nicht als Festlegung. Die Art der verfügbaren
Programme kann die Leistungsfähigkeit kleinerer Rechner
steigern oder die Leistungsfähigkeit größerer Systeme ungenutzt
lassen.

Preisklasse 3000 bis 5000 DM

Typische Hardware:

    Hauptspeicher   64 .KB
    Externe Speicher   ein Diskettenlaufwerk
    Drucker   Standard-Drucker

Typische Software:

    Adreßverwaltung, Textverarbeitung

Beurteilung:

    Einzweck-Einsteiger-Gerät,
    kaum ausbaufähig

Anmerkung:

Professionelle Software wird für diese Rechnerklasse kaum
angeboten. Wenn Sie dennoch gelegentlich von erfolgreichen
Einsätzen hören oder lesen, können Sie davon ausgehen, daß
es sich um selbsterstellte Programme handelt. Einem Einsteiger ohne Programmiererfahrungen ist dringend von derartigen
Versuchen abzuraten. Selbst wenn Sie viel Spaß am Computer
gewinnen, sollten Sie das Programmieren - zunächst - als
Hobby betreiben und nicht die Existenz Ihres Unternehmens
davon abhängig machen. Die eingesparte Zeit, die Sie nicht
für die Programmierung verbrauchen, können Sie wesentlich
ertragreicher "verkaufen", wenn Sie Ihre fachlichen Erfahrungen einsetzen.

Preisklasse 5000 bis 8000 DM

Typische Hardware:

    Hauptspeicher   64 KB bis 128 KB
    Externe Speicher   zwei Diskettenlaufwerke
    Drucker   Standard-Drucker

Typische Software:

    Adreßverwaltung,
    Textverarbeitung,
    Auftragsbearbeitung
    einfache Fakturierung,
    einfache Finanzbuchhaltung
    Lagerhaltung bis 500 Artikel

Beurteilung:

    Einsteigergerät für Kleinbetrieb,
    in Grenzen ausbaufähig,
    überwiegend Insellösungen

Anmerkung:

Die Hardware ist in dieser Preisklasse schon sehr viel leistungsfähiger. Grenzen gibt es eindeutig bei der Software. In dieser Klasse können Sie nicht davon ausgehen, daß noch viel neue Software entwickelt wird, die für Ihren Bedarf geeignet ist. Entweder Sie finden geeignete fertige Software, oder Sie sollten realistisch in die nächsthöhere Klasse einsteigen.

Preisklasse 8000 bis 15000 DM

Typische Hardware:

    Hauptspeicher   128 KB bis 512 KB
    Externe Speicher   zwei Diskettenlaufwerke
    Drucker   leistungsfähiger Drucker

Typische Software:

    komfortable Adreßverwaltung, komfortable Textverarbeitung,
    Angebote und Aufträge, Fakturierung und Mahnung, Finanzbuch-
    haltung, Lagerhaltung bis 1000 Artikel, Lohn- und Gehalts-
    buchhaltung

Beurteilung:

    für alle typischen Geschäftsvorfälle in kleinen Betrieben,
    zukunftssicher bei geeignetem Betriebssystem, überwiegend
    Insellösungen

Anmerkung:

    In dieser Klasse finden Sie ein großes und ständig weiter
    wachsendes Angebot von Programmen. Diese Klasse wird von
    Hard- und Software-Anbietern bevorzugt, weil hier auch die
    größte Nachfrage seitens der Anwender besteht.

    Insellösung bedeutet, daß Sie zwar für (fast) alle Aufgaben
    geeignete Programme finden, daß die Programme aber nicht
    unbedingt miteinander korrespondieren. Organisatorisch ist
    es z.B. wünschenswert, Daten aus der Fakturierung direkt in
    die Finanzbuchhaltung zu übernehmen (der Rechnungsbetrag
    wird dann automatisch als Forderung behandelt). Die Program-
    me unterstützen das aber nicht zwangsläufig (außer sie sind
    schon für diese Zusammenarbeit konzipiert). Stattdessen
    müssen Sie das Ergebnis der Fakturierung extra in die Buch-
    haltung eingeben.

Preisklasse 15000 bis 25000 DM

Typische Hardware:

     Hauptspeicher   128 KB bis 512 KB, z.T. größer
     Externe Speicher   Diskettenlaufwerk und Festplatte
     Drucker   leistungsfähiger Drucker

Typische Software:

     komfortable Adreßverwaltung, komfortable Textverarbeitung,
     Angebote und Aufträge, Fakturierung und Mahnung, Finanzbuch-
     haltung, Betriebswirtschaft, Lagerhaltung und Disposition,
     Lohn- und Gehaltsbuchhaltung

Beurteilung:

     für alle typischen Geschäftsvorfälle in kleinen Betrieben,
     zukunftssicher und ausbaufähig bei geeignetem Betriebssy-
     stem, Insellösungen und integrierte Lösungen

Anmerkung:

     Die Angebotssituation in dieser Klasse ist ähnlich einzus-
     chätzen wie in der nächstkleineren Klasse. Die Hardware ist
     in fließenden Grenzen ausbaufähig, häufig ist die gleiche
     Software einsetzbar wie in der kleineren Klasse. Größere
     Speicherkapazität schafft höheren Bearbeitungskomfort.

     Integrierte Lösungen vermeiden die "unhandliche" Bedienung
     der Insellösungen. Durch die automatische Verbindung zwi-
     schen den Arbeitsgebieten sparen Sie Zeit und erreichen
     einheitliche Aktualität der Daten. Wenn z.B. Buchhaltung und
     Fakturierung integriert sind, "weiß" die Buchhaltung sofort
     den Stand der Forderungen, andererseits stehen die Buchhal-
     tungsinformationen über Zahlungseingänge sofort den Stati-
     stiken der Auftragsabwicklung zur Verfügung.

Preisklasse über 25000 DM

Typische Hardware:

    Hauptspeicher   128 KB bis 512 KB und größer
    Externe Speicher   Fest- bzw. Wechselplatten
    Drucker   leistungsstarke Drucker

Typische Software:

Integrierte Lösungen für alle Arbeitsgebiete, (z.T. Einsatz der Software von größeren Rechnern), z.T. branchenspezifische Komplettlösungen

Beurteilung:

für alle Geschäftsvorfälle in wachsenden Betrieben, zukunftssicher durch Ausbaufähigkeit und Mehrplatzsystem

Anmerkung:

In dieser Klasse wird die Integration der einzelnen Arbeitsgebiete noch wichtiger, weil hier Mehrplatzsysteme angesiedelt sind: mehrere Mitarbeiter gleichzeitig arbeiten am System, z.B. einer mit der Aufgabe "Finanzbuchhaltung", ein anderer mit der Aufgabe "Fakturierung". Beide brauchen den gleichen aktuellen Stand der Informationen, besonders wenn sie in getrennten Räumen sitzen.

Die Software, die in dieser Klasse angeboten wird, ist leistungsfähiger als in den kleineren Klassen (größeres Datenvolumen, mehr integrierte Funktionen). Die Auswahl ist geringer, weil es in dieser Klasse z.Z. noch weniger Anwender gibt als in den kleineren Klassen. Ein zunehmender Trend zu dieser Klasse ist zu beobachten.

1.2.4 Wirtschaftlichkeit

Die Auswirkungen des EDV-Einsatzes lassen sich zusammenfassen:

```
=================================================================
!    Kosten:              !        Vorteile:            !
!===============================================================!
! Einmalkosten:           ! Grundsätzliche Vorteile:    !
!                         !                             !
! o Hardwareanschaffung   ! o Systematisierung der      !
! o Softwareanschaffung   !   Organisation              !
! o Schulung              ! o Puffer bei Expansion      !
! o Organisations-        ! o Sicherung der Wettbe-     !
!   umstellung            !   werbsfähigkeit            !
!-------------------------------------------------------------- !
! laufende Kosten:        ! laufende Vorteile:          !
!                         !                             !
! o Personalkosten        ! o aktuelle Ergebnisse       !
! o Verbrauchsmaterial    ! o objektive  Ergebnisse     !
! o Hardware-Wartung      ! o vollständ. Ergebnisse     !
! o Software-Pflege       ! o sichere Entscheidungen    !
=================================================================
```

Beobachtung aus vielen EDV-Projekten:

o Personalabbau erfolgt nur in seltenen Fällen

o Personal wird frei von Routinearbeiten für dispositive Aufgaben

o Die Vorteile der EDV betreffen in der Regel nicht nur einen Teilbereich des Unternehmens, sondern mehrere Teilbereiche oder das Gesamtunternehmen.

o Die Vorteile der EDV sind daher ihren Kosten nicht exakt zuzuordnen (im Gegensatz zu einer Investition z.B. in der Fertigung).

Das heißt:

o   Die Kosten können relativ exakt ermittelt werden.
o   Die Vorteile können nur qualitativ beschrieben werden.
o   Die Gewinnvergleichsrechnung scheidet daher aus.

EDV-Entscheidungen beschränken sich daher auf:

o   Kostenvergleichsrechnungen (Zahlen)
o   Nutzwertanalysen (Beschreibungen, Bewertungen)

1.3 Zwischenergebnis 1:

1.3.1 Rückblick

Wenn Sie dieses Arbeitsbuch konsequent bis hierher durchgearbeitet haben, wissen Sie jetzt,

o daß Sie (wenn Sie noch keine Erfahrungen mit der Datenverarbeitung haben) auf die Unterstützung durch geeignete Partner Wert legen sollten. Dazu gehört in erster Linie, daß Sie von Anfang an Ihre Mitarbeiter in Ihre Überlegungen und Entscheidungen einbeziehen,

o daß Sie Ihre Ziele festlegen müssen, wenn Sie sichere Schritte auf dem Weg in die Datenverarbeitung unternehmen wollen,

o daß Sie auf der Grundlage Ihrer Ziele die besten Chancen haben, die geeigneten Programme zu finden,

o daß Sie über die Hardware erst dann entscheiden müssen, wenn Sie wissen, welche Programme zur Bearbeitung Ihrer Aufgaben geeignet sind,

o daß die Verkaufsinteressen der Anbieter und Hersteller nicht zwangsläufig zu Ihrem Nutzen führen,

o daß trotz aller unterschiedlichen Einschätzungen (Urteile und Vorurteile) der Trend zum Computer geht,

o daß ein Computer eine Rationalisierungsinvestition ist, deren Wirkung von sehr positiv bis sehr negativ reichen kann, je nachdem, wie gut sie vorbereitet ist,

o welchen Nutzen andere Unternehmer aufgrund des Computer-Einsatzes erfahren haben,

o daß die häufigsten Anwendungsgebiete sind: Adressen- und
   Textverarbeitung, Angebote und Aufträge, Fakturierung und
   Mahnung, Finanzbuchhaltung und Betriebswirtschaft, Lagerhal-
   tung, Lohn- und Gehaltsabrechnung,

o wie das angemessene Verhältnis von Kosten und Nutzen ist,

o welche Preisklassen es bei Computern gibt und welche Leistungen Sie davon erwarten können.

Wenn Sie die Checkliste RATIONALISIERUNGSBEDARF durchgearbeitet
haben, können Sie jetzt beurteilen, ob Datenverarbeitung für
Sie in Frage kommt. Sie können jetzt auch zusammenstellen,
welche Arbeitsgebiete für Sie in die enge Wahl kommen. Damit
ist eine gewisse Weichenstellung erfolgt, aber noch keine Entscheidung.

1.3.2 Diese Arbeitsgebiete kommen in Frage

Wir werden dafür Pflichtenhefte erarbeiten:

____

____

____

____

____

____

____

____

____

Anmerkung:

Diese Seite finden Sie nochmals als heraustrennbares
Arbeitsblatt als Anhang am Ende des Buches zu Ihrer
persönlichen Unterstützung beim Computerkauf.

2 Arbeitsgebiete

2.1 Software-Pflichtenhefte

Das folgende Kapitel geht davon aus, daß Sie Ihren Rationalisierungsbedarf ermittelt haben und nun konkreter beschreiben wollen. Zur Arbeitsvereinfachung sind hier Checklisten vorbereitet, die Sie verwenden und ergänzen können. Sie brauchen natürlich nur die Arbeitsgebiete durchzuarbeiten, die Sie in der vorangegangenen Bedarfsermittlung ausgewählt haben.

Die hier beschriebenen Pflichtenhefte sind Beispiele, die schon möglichst viele Fragen abdecken. Seien Sie trotzdem kritisch, und prüfen Sie die Eignung für Ihre Situation. Wenn Sie diese Pflichtenhefte verfeinern oder ergänzen wollen oder wenn Sie für andere Arbeitsgebiete Pflichtenhefte erstellen wollen, können Sie so vorgehen:

1. Stellen sie alle Anforderungen zusammen, die Ihnen und Ihren Mitarbeitern einfallen. (Niemand kennt Ihr Unternehmen besser als Sie und Ihre Mitarbeiter!)

2. Prüfen Sie, ob Sie nichts wichtiges vergessen haben. Bei Bedarf ergänzen Sie Ihre eigenen Anforderungen um fremde Erfahrungen. So finden Sie Informationen, über die andere Fachleute nachgedacht haben:

   o Werbeschriften unterschiedlicher Anbieter
   o Beschreibungen der Software-Anbieter
   o Software-Testberichte in Fachzeitschriften
   o Marktübersichten in Fachzeitschriften
   o Bücher, in denen Softwareangebote zusammengestellt sind
   o Vorführungen bei Fachhändlern
   o Messebesuche

Sie wissen: Wer nicht weiß, wohin er will, darf sich nicht
wundern, wenn er ganz woanders ankommt. Daher gilt die Empfehlung:

```
*********************************************
*                                           *
* Je genauer Sie Ihre Anforderungen festlegen,*
* desto besser erreichen Sie Ihre Ziele.    *
*                                           *
*********************************************
```

Nachdem Sie die Pflichtenhefte durchgearbeitet haben, d.h. die
für Sie gültigen Punkte angekreuzt bzw. ergänzt haben, brauchen
Sie sie nicht weiter auszuwerten. Sie legen damit die Anforderungen fest, die Ihr späteres DV-System erfüllen muß. Nachdem
Ihnen in einem späteren Schritt die Angebote dazu vorliegen,
brauchen Sie "nur noch abzuhaken", ob Ihre Anforderungen erfüllt sind.

2.1.1 Adreßverwaltung

Adressen brauchen Sie für unterschiedliche Zwecke, z.B. für Korrespondenz, für die Auftragsabwicklung, für Werbeaktionen, zur Kundenbetreuung. Die Adreßverwaltung dient dazu, alle Anschriften von Kunden, Lieferanten, Interessenten etc. zu speichern.

Dabei müssen die Adressen in der jeweils geeigneten Form zur Verfügung stehen, z.B.

o für die Verarbeitung in Briefen, Rechnungen, Lieferscheinen,
o auf Etiketten,
o in Listen.

Je nach der Art der Adresse ist es zweckmäßig, neben der postalischen Anschrift zusätzliche Informationen festzuhalten, z.B.

o Ihren Ansprechpartner (damit Sie ihn in Briefen persönlich anschreiben können),
o andere Kontaktmöglichkeiten, wie Telefon, Telex, BTX,
o Kennzeichnungen, wie Branchenzugehörigkeit, Größe, Bedeutung für das eigene Unternehmen,
o persönliche Informationen, die im Kontakt wichtig sein können, z.B. Geburtstage, Interessen, wichtige Termine.

Wichtig ist auch die Aufbereitung, z.B.

o die Sortierung
o die Auswahl nach bestimmtem Merkmalen

Tragen Sie hier alle Verwendungszwecke und Aufbereitungsformen zusammen.

1. Mengengerüst   heute   in 2 Jahren

   O Soviele Anschriften sind in unserer
     Kartei insgesamt erfaßt   ....

      o   davon sind Stammkunden   ....

      o   davon sind Laufkunden   ....

      o   davon sind mögliche Kunden   ....

      o   davon sind Lieferanten   ....

      o   davon sind Interessenten   ....

      o   davon sind Vertreter   ....

      o   davon sind andere   ....

      o   ....

      o   ....

2. Diese Adressen wollen wir speichern:

   O Kunden
   O Lieferanten
   O Interessenten
   O Vertreter
   O andere
   O
   O

3. Pro Anschrift sollen folgende Daten verfügbar sein:

    O komplette Postanschrift
    O Telefonnummer
    O Fernschreiber
    O Branchenzugehörigkeit
    O Ansprechpartner
    O Lieferanschrift
    O Geburtsdatum
    O 3 klassifizierende Schlüssel
    O
    O

4. Die Anschriften sollen genutzt werden für:

    O Telefonliste
    O Adreßaufkleber
    O
    O

5. Die Anschriften sollen sortiert werden können nach:

    O Name (alphabetisch)
    O Postleitzahl
    O Geburtsdatum
    O
    O

6. Anschriften sollen gesucht werden können über:

    O Name
    O Postleitzahl
    O Geburtsdatum
    O Branche
    O 3 klassifizierende Schlüssel
    O
    O

7. Anschriften sollen zusätzlich genutzt werden für:

O Angebotskalkultion

O Auftragsbearbeitung

O Fakturierung

O Textverarbeitung

O

O

2.1.2 Textverarbeitung

Zur Textverarbeitung gehört alles, was Sie z.B., mit der Schreibmaschine, mit vorgedruckten Formularen, handschriftlich, per Fotokopie, Fernschreiben erzeugen, in der Korrespondenz, in Berichten, Notizen, Ausarbeitungen, Veröffentlichungen, Dokumenten. Die Grundfunktion der Textverarbeitung ist das Schreiben / Erfassen des Textes, das "Editieren". Textsysteme bieten hier komfortable Möglichkeiten,

o   Fehler zu korrigieren,
o   Worte oder Teile davon zu suchen und automatisch zu ersetzen,
o   Worte / Abschnitte zu verschieben, zu kopieren, zu löschen,
o   evtl. Rechtschreibe- und Trennhilfen zu benutzen.

Eine weitere wichtige Funktion ist das Gestalten der Texte, das "Formatieren". Dazu gehören (halb-) automatische Funktionen wie

o   Wiederholung gleicher Kopf- und Fußzeilen
o   Seitennumerierung
o   Zentrieren von Titeln
o   links- oder rechtsbündige Anordnung des Textes, Blocksatz
o   Einrücken von Absätzen

Die organisatorischen Fähigkeiten von Textsystemen können erhebliche Arbeitsvereinfachungen bringen, z.B. durch

o   Rechenfunktionen im Text mit variablen Daten
o   das wiederholte automatische Schreiben gleicher Texte
o   das Zusammenstellen von Texten aus gespeicherten Bausteinen
o   das Zusammenfügen von Texten und Adressen

Wie nützlich diese Funktionen sind, erkennen Sie daran, daß mehr als die Hälfte aller PC-Anwendungen Textverarbeitung sind. Sie haben dadurch die Möglichkeit, Ihre Geschäftspartner rationell und individuell zu informieren. Überdenken Sie hier Ihre Anforderungen.

1. Mengengerüst   heute   in 2 Jahren

   O Soviel Briefe (ohne Angebote) schreiben
     wir im Monat   ....
   O Ein Brief ist durchschnittlich soviel
     DIN A4-Seiten lang   ....
   O Zusätzlich schreiben wir soviele
     andere Texte im Monat   ....
   O Diese Texte umfassen im Durchschnitt
     soviele Seiten   ....
   O Bei Werbeaktionen senden wir an soviele
     Anschriften den gleichen Brief   ....

   O   ....

   O   ....

2. Bei mehrseitigen Texten soll auf die Folgeseiten
   automatisch gedruckt werden:

   O Kopfzeilen
   O Fußzeilen
   O
   O

3. Die Silbentrennung muß untertützt werden durch:

   O automatische Trennung
   O Trennvorschläge
   O
   O

4. Für Tabellen werden diese Tabulatoren benötigt:

    0 vorgegebene Tabulatoren
    0 beliebige Veränderungen
    0 Dezimal-Tabulatoren
    0
    0

5. Die Schriftbreite auf Drucker und Bildschirm muß

    0 mindestens DIN-A4 sein
    0 mindestens DIN-A4 quer sein
    0
    0

6. Der Zeilenabstand innerhalb eines Textes muß

    0 frei gewählt werden können
    0 1- oder 1 1/2-zeilig vorgegeben sein
    0
    0

7. Die Darstellung von Blattanfang und Blattende auf dem
   Bildschirm muß dem Ausdruck entsprechen

    0 wenn im ganzen Text mit gleichem Abstand
      gearbeitet wird
    0 auch wenn der Zeilenabstand im Text geändert wird
    0
    0

8. Die optische Aufbereitung und Gestaltung des Textes
   muß unterstützt werden durch

   O automatisches Zentrieren
   O Fettschrift
   O Unterstreichungen
   O Blocksatz
   O senkrechte Linien für Tabellen, Formulare
   O
   O

9. Alle Maßnahmen zur optischen Gestaltung eines Textes

   O müssen auf dem Bildschirm so dargestellt werden, wie
     es später auf dem Papier aussieht
   O brauchen nur auf dem Papier korrekt dargestellt zu sein
   O
   O

10. Die Numerierung der Seiten muß

   O automatisch erfolgen
   O ausgeschaltet werden können
   O nach Einfügungen/Löschungen im Text automatisch
     korrigiert werden
   O manuell beeinflußbar sein
   O im oberen oder unteren Rand eingefügt werden können
   O
   O

11. Korrekturen im Text sollen erleichtert werden durch

    O automatischen Vergleich aller Worte mit einem gespeicherten
      Lexikon und Anzeige der Fehler
    O Vergleich und automatische Korrektur der Fehler
    O Ansteuern von Korrekturstellen durch die Funktionen
      FINDE und ERSETZE
    O
    O

12. Mathematische Formeln müssen korrekt dargestellt werden

    O auf dem Bildschirm
    O auf dem Papier
    O
    O

13. Innerhalb eines Textes kommen diese Berechnungen vor:

    O Grundrechenarten
    O komplizierte Formeln
    O spaltenweise Rechenoperationen
    O zeilenweise Rechenoperationen
    O
    O

14. Das Bearbeiten von Fußnoten muß unterstützt werden, indem

    O Fußnoten automatisch numeriert werden
    O im Text Hinweise auf Fußnoten eingefügt werden können
    O Fußnoten auf der gleichen Seite wie der Hinweis stehen
    O bei Ergänzungen / Löschungen die Fußnoten neu organisiert
      werden
    O der Text ohne Fußnoten gedruckt werden kann
    O nur die Fußnoten gedruckt werden
    O
    O

15. Zusammenhänge zwischen Textverarbeitung und anderen Aufgaben
    bestehen:

    0 überhaupt nicht
    0 Daten müssen an markierten Stellen eingefügt werden
    0 Daten müssen zwischen Text- und Datenverarbeitung
      ausgetauscht werden (integrierte Verarbeitung)
    0
    0

2.1.3 Angebote und Aufträge

Angebote und Aufträge sind Arbeitsgebiete, die sehr stark von den Notwendigkeiten und Gewohnheiten der jeweiligen Branche abhängen. Die Funktionen sind nicht so allgemeingültig wie z.B. bei der Adreßverwaltung und der Textverarbeitung.

Es kommt daher besonders darauf an, daß Sie kritisch über Ihre bisherige Organisationsform nachdenken, daß Sie die Änderungsmöglichkeiten (Chancen und Probleme) prüfen, die sich aus dem Einsatz der Datenverarbeitung ergeben.

Grundsätzlich gibt es zwei Ansätze, um Angebote und Aufträge zu verarbeiten.

o   Einsatz und Anpassung eines leistungsfähigen Textsystems
o   Einsatz eines Systems mit Funktionen der Datenverarbeitung.

Ein Textsystem ist vorzuziehen,

o   wenn Sie große und kleine Texte verarbeiten müssen,
o   wenn Sie für jeden Kunden das Angebot neu entwickeln und formulieren müssen,
o   wenn Sie wenig standardisierte Texte verwenden können.
o   wenn Sie wenige aber größere Aufträge oder Projekte haben

Ein Datenverarbeitungssystem ist vorzuziehen,

o   wenn Sie mit einem festen Sortiment von Artikeln oder Dienstleistungen arbeiten,
o   wenn die Beschreibungen Ihrer Produkte oder Leistungen standardisierbar sind,
o   wenn Sie viele und kleinere Aufträge haben,
o   wenn Ihre Leistungen eher verwaltungsintensiv sind.

Die Verwaltung der Angebote und Aufträge gehört zur Kategorie der Branchen-Software.

1. Mengengerüst   heute   in 2 Jahren

    O Soviele Angebote werden monatlich
      erstellt   ....
    O Sie umfassen durchschnittlich soviel
      Seiten   ....
    O Sie umfassen durchschnittlich soviel
      Einzelpositionen   ....
    O Soviel Aufträge müssen gleichzeitig
      gespeichert sein   ....
    O Soviel Positionen hat ein Auftrag
      im Durchschnitt   ....

    O   ....

    O   ....

2. Bei der Ausarbeitung von Angeboten muß es möglich sein:

    O vorformulierte Textbausteine zu verwenden
    O eine detaillierte Kalkulation durchzuführen
    O alte Angebote zu nutzen
    O Angebote zu ändern
    O Alternativangebote zu erstellen, ohne alle Eingaben
      zu wiederholen
    O
    O

3. Zurückliegende Angebote möchte ich finden über:

    O Angebotsnummer
    O Kundenname
    O Angebotsdatum
    O
    O

4. Meine Angebote bestehen überwiegend aus Positionen, die

    0 jedesmal neu formuliert werden
    0 bei Bedarf umformuliert werden
    0 immer gleich lauten
    0
    0

5. Folgende Auswertungsmöglichkeiten brauche ich:

    0 alle laufenden Angebote
    0 alle Angebote, die keinen Auftrag gebracht haben
    0 alle Angebote in einem bestimmten Zeitraum
    0 Terminlisten für regelmäßige Nachfaßaktionen
    0
    0

6. Für Angebote muß ich auf folgende Systeme zugreifen:

    0 Adreßverwaltung
    0 Lagerhaltung (Verfügbarkeit)
    0
    0

7. Im Angebot möchte ich aufführen:

    0 unterschiedliche Zahlungsbedingungen je Kunde
    0 unterschiedliche Rabattsätze
    0
    0

8. Die Daten möchte ich zusätzlich nutzen für:

    0 Auftragsbearbeitung
    0 Rechnungserstellung
    0
    0

9. Die Aufträge möchte ich folgendermaßen erfassen:

    O sofort bei Auftragserteilung
    O alle laufenden Aufträge hintereinander
    O durch Übernahme der Daten aus dem Angebot
    O durch Eingabe der Auftragsdaten ohne vorheriges Angebot
    O
    O

10. Um die Aufträge abzuwickeln, benötige ich:

    O den Druck von Auftragsbestätigungen
    O den Druck von Lieferscheinen
    O Terminlisten von bestimmten Zeiträumen
    O Rückstandslisten
    O Materialbedarfsrechnungen
    O den Auftragsbestand je Kunde
    O den Auftragsbestand je Artikel
    O
    O

11. Um die Aufträge zu bearbeiten, brauche ich Daten aus:

    O Adreßverwaltung
    O Angebotskalkulation
    O Lagerverwaltung
    O
    O

12. Die Daten der Auftragsverwaltung benötige ich für:

    O Angebotskalkulation
    O Lagerverwaltung
    O
    O

13. Bei der Auftragsverwaltung müssen möglich sein:

    O Teillieferungen
    O Abweichungen in einzelnen Positionen
    O Überprüfung der Verfügbarkeit einzelner Positionen
    O
    O

14. Über den Auftrag möchte ich Mitarbeiter informieren mit:

    O Laufzettel
    O Stückliste
    O Terminplan
    O
    O

2.1.4 Fakturierung und Mahnung

Für die Fakturierung und Mahnung gilt ähnliches wie für Angebote und Aufträge. Es sind Funktionen, die an die Besonderheiten einer Branche oder eines Unternehmens gebundenen sind.

Entsprechend gibt es auch hier die Möglichkeiten, eher text-
orientiert oder eher datenorientiert zu arbeiten.

Fakturierung und Mahnung folgen hier den gleichen Merkmalen,
die bereits für Angebote und Aufträge genannt wurden. Konkret:
wenn Sie sich bei Angeboten und Aufträgen für eine Lösung mit
Textverarbeitung entscheiden, sollten Sie es auch hier tun.
Wenn sich sich dort für eine Lösung mit Datenverarbeitung
entscheiden, sollten Fakturierung und Mahnung entsprechend
organisiert sein.

Um die Unterschiede zwischen der Text- und der Datenverarbeitung noch einmal zu verdeutlichen:

o Die Textverarbeitung läßt Ihnen mehr Freiheiten bei der
   Gestaltung, sie läßt weniger Prüfungen zu und ist daher
   weniger sicher.

o Die Datenverarbeitung ist straffer strukturiert und schema-
   tisiert. Es sind mehr Prüfungen und mehr automatische Funktionen möglich. Die Lösung mit der Datenverarbeitung ist
   daher tendenziell sicherer, komfortabler, schneller.

Für Angebote, Aufträge, Fakturierung und Mahnung sind Lösungen
mit der Datenverarbeitung weiter verbreitet als Textlösungen.

1. Mengengerüst   heute   in 2 Jahren

   0 Soviele Rechnungen schreiben wir
     im Monat   . . . .

       o   davon sind Einzelrechnungen   . . . .

       o   davon sind Sammelrechnungen   . . . .
   0 Soviele unterschiedliche Zahlungs-
     ziele fallen an   . . . .
   0 Soviele unterschiedliche Skontosätze
     wenden wir an   . . . .
   0 Soviel Mahnungen schreiben wir
     monatlich im Durchschnitt   . . . .
   0 Dabei berücksichtigen wir soviel
     unterschiedliche Fristen   . . . .

   0   . . . .

   0   . . . .

2. Bei der Fakturierung möchte ich Daten verwenden aus:

   0 Adreßverwaltung
   0 Auftragsbearbeitung
   0 Finanzbuchhaltung
   0
   0

3. Beim Schreiben der Rechnungen und Mahnungen will ich

    O Auftragsdaten übernehmen
    O Preise automatisch einfügen
    O alle Berechnungen automatisch erledigen
    O Textbausteine beliebig einsetzen können
    O Korrekturen an Texten vornehmen können
    O Individuelle Texte (z.B. Sonderangebote) einfügen
    O unterschiedliche MWST-Sätze anwenden
    O
    O

4. Die Rechnungen müssen geschrieben werden können als:

    O Einzelrechnung
    O Sammelrechnung
    O Teilrechnung
    O
    O

5. Die Skontosätze will ich so darstellen:

    O kundenspezifisch
    O einheitlich für den gesamten Kundenstamm
    O von Rechnung zu Rechnung unterschiedlich
    O
    O

6. Bei den Rabatten möchte ich die Wahl haben zwischen:

    O individuellen Kundenrabatten
    O branchenabhängigen Rabatten
    O artikelabhängigen Rabatten
    O Mengenrabatten
    O Kombination mehrerer Rabattarten
    O
    O

7. Die Zahlungen der Kunden gehen ein als:

    0 Barzahlung
    0 Schecks
    0 Wechsel
    0 Lastschriften
    0 Überweisungen
    0
    0

8. Bei den Zahlungen kommen diese Fälle vor:

    0 mehrere Rechnungen werden in einer Summe bezahlt
    0 Über- oder Unterzahlungen werden geleistet
    0 Rabatte/Skonti werden unberechtigt abgezogen
    0 Teilzahlungen werden geleistet
    0 Anzahlungen liegen bereits vor
    0
    0

9. Bei Mahnungen muß sichergestellt sein, daß

    0 mehrere unterschiedliche Mahnungen möglich sind
    0 für einzelne Kunden eine Mahnsperre möglich ist
    0 unterschiedliche Zahlungsziele möglich sind
    0
    0

10. Diese Auswertungen brauche ich:

    0 Rechnungsausgangsjournal
    0 Buchungsliste für den Steuerberater
    0 ABC-Analyse der Kunden
    0 ABC-Analyse der Artikel
    0
    0

11. Kundenumsatzstatistik

    O monatlich
    O vierteljährlich
    O jährlich
    O
    O

12. Aus der Fakturierung möchte ich Daten übernehmen in:

    O Adreßverwaltung
    O Auftragsbearbeitung
    O Lagerverwaltung
    O Finanzbuchhaltung
    O
    O

2.1.5 Finanzbuchhaltung

Die Finanzbuchhaltung ist ein typisches Anwendungsgebiet für Standard-Programme. Die Anforderungen sind nicht durch Besonderheiten einer Branche oder eines Unternehmens gekennzeichnet, sondern durch allgemeingültige Vorschriften. Die Buchhaltung ist eine typische Lösung der Datenverarbeitung, nicht der Textverarbeitung.

In mittelständischen Unternehmen wird häufig die Alternative genutzt, die Finanzbuchhaltung vom Steuerberater oder einem Buchführungshelfer durchführen zu lassen.

Dieses Verfahren ist in der Regel zweckmäßig und auch wirtschaftlich. Der Einsatz eines Computers nur für diese Aufgabe wird nur in Ausnahmefällen sinnvoll sein.

Wenn jedoch ein Computer für andere Aufgaben eingesetzt wird, kann die Übernahme der Finanzbuchhaltung ins Unternehmen sinnvoll sein: weniger wegen der einzusparenden Gebühren, sondern wegen des Gewinns an Aktualität.

Wenn z.B. ein System von Programmen gewählt wird, in dem Buchhaltung, Fakturierung und Mahnung eng miteinander verzahnt (integriert) sind, kann ohne zusätzlichen Arbeitsaufwand der tagfertige Stand der Forderungen und der Liquidität abgefragt werden. Die Aktualität leidet zwangsläufig, wenn externe Stellen eingeschaltet werden, die z.B. nur monatlich buchen.

Wenn Sie sich für die Buchhaltung im eigenen Haus entscheiden, sollten Sie die zusätzlichen Informationen in die Überlegungen einbeziehen, die Sie als Nebenprodukt von Ihrem Steuerberater erhalten, z.B. wenn er seinerseits mit einen eigenen Computer einsetzt oder mit einem Rechenzentrum zusammenarbeitet. Wichtig ist dabei nicht, ob Sie solche zusätzlichen Daten erhalten, sondern wie aussagefähig sie sind und wie Sie die Informationen nutzen.

1. Mengengerüst   heute   in 2 Jahren

      O Wir haben soviele Kreditoren (Lieferanten) ....

      O Wir haben soviele Debitoren (Kunden)   ....

      O Wir haben soviele Sachkonten   ....

      O Pro Monat haben wir soviele Buchungen   ....

      O   ....

      O   ....

2. Die Buchhaltung arbeitet mit

      O Gemeinschaftskontenrahmen (GKR)
      O Industriekontenrahmen (IKR)
      O
      O

3. Innerhalb der Kontenklassen müssen wählbar sein

      O Kontonummern
      O Kontobezeichnungen
      O
      O

4. Parallel sollen bearbeitet werden

      O aktueller Monat und Folgemonat
      O Aktueller Monat, Folgemonat und Vorjahr
      O
      O

5. So soll gebucht werden:

   0 Alle Belege in beliebiger Reihenfolge ohne Vorsortieren
   0 Kreditoren-, Debitoren- und Sachkontenbelege
     in separaten Arbeitsgängen
   0
   0

6. Bei den Rechnungsausgängen soll berücksichtigt werden

   0 verschiedene MWST-Sätze je Rechnung
   0 einheitliche Berechnung der MWST
   0 Barverkäufe
   0
   0

7. Zahlungseingänge müssen erfaßt werden als

   0 Barzahlung
   0 Bankeinzug
   0 Schecks
   0 Wechsel
   0 Lastschriften
   0
   0

8. Eingehende Zahlungen sollen erfaßt werden als

   0 Akonto-Zahlungen
   0 Einzelzahlungen auf eine Belegnummer
   0 Sammelzahlung mit OP-Verrechnung
   0 Gutschriftenverrechnung
   0 Skontoabzug mit MWST-Rückrechnung
   0 Ausbuchung geringfügiger Beträge
   0
   0

9. Die Zahlungseingänge möchte ich überwachen durch

   0 Listen aller Fälligkeiten innerhalb festgelegter
     Zeiträume (Wochen, Monate)
   0 Listen aller nicht fälligen Forderungen
   0
   0

10. Bei meinen Eingangsrechnungen möchte ich

   0 verschiedene Vorsteuersätze je Rechnung berücksichtigen
   0 die Vorsteuer berechnen
   0 die Einzelpositionen auf Gegenkonten aufteilen
   0 Kostenstellen- und Kostenträgernummern für die Übernahme
     in die Kostenrechnung zuordnen
   0
   0

11. Ausgehende Zahlungen sollen erfaßt werden als

   0 Akonto-Zahlungen
   0 Einzelzahlungen
   0 Sammelzahlungen mit OP-Verrechnung
   0 Verrechnung von Gutschriften
   0 Skontoabzug mit Vorsteuerrückrechnung
   0 Ausbuchung geringfügiger Beträge
   0
   0

12. Der Zahlungsverkehr soll überwacht werden mit diesen Listen:

   0 Fälligkeiten
   0 Skonti
   0 Zahlungssperren
   0 Kontostand
   0
   0

13. Diese Zahlungsträger möchte ich beschriften können:

    0 Verrechnungsschecks
    0 Überweisungen
    0 Postschecks
    0
    0

14. Zu den Zahlungsträgern möchte ich drucken

    0 Anlage mit Aufschlüsselung des Gesamtbetrages
    0 Kopien der Zahlungsträger und der Anlagen
    0 Listen mit allen Angaben der Zahlungsträger und der Anlagen
    0 Sammelbelege zu den Überweisungsträgern
    0
    0

15. Das Programm soll liefern

    0 Journal
    0 Summen/Saldenliste
    0 Kontoblätter
    0 betriebswirtschaftliche Auswertungen
    0 Liquiditätsberechnungen
    0 Umsatzsteuervoranmeldung
    0
    0

16. Bei Fremdwährungen möchte ich

    0 Kursdifferenzen berücksichtigen
    0 Fremdwährungen im Kontokorrent buchen
    0 Kurse abrufen
    0
    0

17. Bei Wechseln will ich erfassen

    O das Einlösen
    O den Bestand
    O das Wechselobligo aufgeteilt nach Kunden
    O
    O

18. Das Programm soll Kennzahlen liefern über

    O Kapitalstruktur
    O Rentabilität
    O Liquidität
    O Kapitalumschlag
    O Investitionen
    O Betriebsaufwand
    O
    O

19. Zur Kapitalstruktur will ich wissen:

    O Eigenkapitalanteil
    O Fremdkapitalanteil
    O Deckungskoeffizient
    O Verschuldungskoeffizient
    O
    O

20. Zur Rentabilität will ich wissen:

    O Unternehmerrentabilität
    O Eigenkapitalrentabilität
    O Umsatzrentabilität
    O
    O

21. Zur Liquidität will ich wissen:

    O Liquiditätsgrad 1 minus kurzfristige Verbindlichkeiten
    O Liquiditätsgrad 2 (Salden Haben- minus Sollkonten)
    O Liquiditätsgrad 3 (wie 2 plus Warenbestände)
    O Kreditanspannung
    O
    O

22. Bilanz sowie Gewinn- und Verlustrechnung will ich erstellen:

    O nur zum Bilanzstichtag
    O jederzeit
    O
    O

23. Fremdwährungskonten möchte ich bei der Bilanz
    berücksichtigen durch:

    O automatisches Buchen von Währungsdifferenzen
    O Abrechnen der Bestände mit den zum Zeitpunkt der
      Bilanzierung gültigen Kursen
    O
    O

24. Daten der Finanzbuchhaltung möchte ich nutzen in der

    O Kalkulation
    O Kostenrechnung
    O
    O

25. Für die Finanzbuchhaltung benötige ich Daten aus

    0 Fakturierung
    0 Lohn- und Gehaltsbuchhaltung
    0 Lagerhaltung
    0 Bestellwesen
    0
    0

2.1.6 Betriebswirtschaft

Betriebswirtschaftliche Informationen hängen oft eng mit der Buchhaltung zusammen. Dennoch kann die Buchhaltung nicht alle Informationen liefern, die für Entscheidungen und Kalkulationen benötigt werden. Diese Situation ergibt sich aus der Zielsetzung der beiden Systeme. Die Buchhaltung dient der Rechnungslegung, d.h. sie dient in erster Linie steuerlichen Zwecken, in zweiter Linie dem Gläubigerschutz.

Ergänzend dazu dienen betriebswirtschaftliche Auswertungen der innerbetrieblichen Entscheidungsfindung, der Planung, Lenkung und Kontrolle. Diese Aufgaben kann eine klassische Buchhaltung nicht erfüllen. Drei Beispiele sollen das erläutern:

o   Für betriebswirtschaftliche Entscheidungen ist es sinnvoll, kalkulatorische Beträge zu berücksichtigen, z.B. kalkulatorische Zinsen, Unternehmerlohn, Wagnisse. Das sind Beträge, die für die steuerlichen Zwecke nicht verwendet werden.

o   Für die Buchhaltung reicht es z.B. aus, Aufwendungen einem Konto zuzuordnen. Betriebswirtschaftlich kann es erforderlich sein, die Aufwendungen viel feiner zu berücksichtigen, sie z.B. einem Kunden, einem Auftrag, einem Projekt, einer Baustelle zuzuordnen.

o   Die Buchhaltung befaßt sich mit der Vergangenheit, genauer mit einem Geschäftsjahr. Für geschäftspolitische Entscheidungen ist es oft wichtig, längere Zeiträume der Vergangenheit zu betrachten und daraus Prognosen (was werden wir voraussichtlich erreichen?) und Planungen (was wollen wir erreichen?) abzuleiten.

In Situationen scharfen Wettbewerbs gewinnen betriebswirtschaftliche Überlegungen immer mehr an Bedeutung. Nutzen Sie die Rechen- und Speicherkapazität des Computers für entscheidungsvorbereitende Auswertungen.

1. Mengengerüst   heute   in 2 Jahren

   0 Soviel Positionen wollen wir beobachten   ....

      o   davon Kostenarten   ....

      o   davon Leistungsarten   ....

      o   davon Gutschriftsarten   ....

      o   davon Kennzahlen   ....

   0 Soviel Bereiche wollen wir beobachten   ....

      o   davon Kostenstellen   ....

      o   davon Filialen   ....

      o   davon Produkte   ....

   0 Soviel Perioden wollen wir beobachten   ....

      o   Jahre Istdaten   ....
      o   jeweils gegliedert in soviel Perioden
          (Quartale, Monate)   ....

      o   Jahre Plandaten   ....
      o   jeweils gegliedert in soviel Perioden
          (Quartale, Monate)   ....
   0 Soviele Buchungsvorgänge wollen wir
     betriebswirtschaftlich auswerten   ....
   0 Soviele Vorgänge der innerbetrieblichen
     Leistungsverrechnung haben wir monatlich   ....
   0 Soviele zusätzliche Belege wollen wir
     zusätzlich erfassen und auswerten   ....

   0   ....

2. Diese Ist-Informationen wollen wir verwenden

   0 Werte (z.B. aus der Finanzbuchhaltung)
   0 Mengen (z.B. aus Produktion und Verkauf)
   0 Mengen aus innerbetrieblichem Leistungsaustausch
   0 statistische Daten aus anderen Gebieten
   0
   0

3. Wir wollen diese Daten zuordnen zu

   0 Bereichen (Kostenstellen, Filialen etc.)
   0 Positionen (Kostenarten, Leistungsarten etc.)
   0 Perioden (Monaten, Quartalen)
   0
   0

4. Wir wollen innerbetriebliche Leistungen

   0 verrechnen
   0 nicht verrechnen
   0
   0

5. Aus den Ist-Daten wollen wir errechnen

   0 Prognosewerte (Was wird wahrscheinlich eintreten?)
   0
   0

6. Zusätzlich wollen wir eingeben

   0 Plandaten (Was wollen wir erreichen?)
   0
   0

7. Wir wollen aus den Daten errechnen

    O Hierarchische Zusammenfassungen der Bereiche
    O Hierarchische Zusammenfassungen der Positionen
    O Deckungsbeiträge je Bereich
    O Deckungsbeiträge je Position
    O Deckungsbeiträge je Periode
    O Kennzahlen je Bereich
    O Kennzahlen je Position
    O Kennzahlen je Periode
    O
    O

8. Diese Abweichungen wollen wir errechnen

    O Plan - Ist
    O Plan - Prognose
    O Ist aktuell - Ist früher
    O
    O

2.1.7 Lagerhaltung

Die Lagerhaltung ist ein Gebiet, in dem oft mehr Rationalisierungsreserven liegen, als auf den ersten Blick zu vermuten ist.

Ein Beispiel: Wenn im Lager ein Kapital von 100 DM gebunden ist (= durchschnittlicher Lagerbestand), entstehen dafür jährliche Kosten von 20 bis 50 DM für Zinsen, Raumkosten, Schwund, Veralterung etc. (Dieser Prozentsatz ist stark produkt- und branchenabhängig).

Wenn die Kapitalbindung durch aktuelle Bestände und geeignete Disposition gesenkt werden kann, sinkt in gleichem Maße die Kostenbelastung und Liquidität wird frei. Die Auswirkung solcher Maßnahmen auf das Jahresergebnis ist oft ähnlich groß wie das Jahresergebnis selbst.

Wenn Sie geeignete Programme wählen, ist die Lagerhaltung mit der Auftragsabwicklung (Lieferschein- oder Rechnungsschreibung) verzahnt. Das bedeutet, daß mit der Auftragsbearbeitung gleichzeitig die entsprechende Aktualisierung der Bestände verbunden ist, und daß Sie aktuelle Hinweise für die Disposition erhalten.

Einige Systeme liefern nicht nur die Bestände, sondern erzeugen Listen mit Bestellvorschlägen oder schreiben sogar Bestellungen.

Neben Bestandsführung und Disposition besteht die Möglichkeit, Inventuren und die entsprechenden Bewertungen durchzuführen.

Wenn Sie diese Funktionen des Computers nutzen wollen, sollten Sie darauf achten, daß die Auftragsabwicklung als Programm der Datenverarbeitung (nicht der Textverarbeitung) eingesetzt wird.

1. Mengengerüst   heute   in 2 Jahren

     0 Im Lager haben wir soviel Abstellplätze   ....

     0 Das gesamte Lager umfaßt soviele Artikel   ....

     0 Die Artikel sind in soviele
       Artikelgruppen unterteilt   ....

     0 So oft bestellen wir im Monat bei
       unseren Lieferanten   ....

     0 Soviele Lieferanten haben wir insgesamt   ....

     0 Bei einem Lieferanten beziehen wir
       maximal soviele Artikel   ....

     0 Bei einem Artikel müssen wir bis zu
       sovielen Lieferanten berücksichtigen   ....

     0   ....

     0   ....

2. In der Lagerhaltung muß auf Daten dieser Aufgabenschwerpunkte
   zurückgegriffen werden:

     0 Auftragsbearbeitung
     0 Fakturierung
     0
     0

3. Zu jedem Artikel werden diese Informationen benötigt:

     0 Artikelnummer des Lieferanten
     0 eigene Artikelnummer
     0 Artikelbezeichnung
     0 Name des Lieferanten
     0 Lieferzeit
     0
     0

4. Bei der Verwaltung der Artikel ist zu beachten, daß

   0 Artikel von verschiedenen Lieferanten bezogen werden
   0 Artikel erst nach Auftragseingang beschafft werden
   0
   0

5. Über Lieferanten benötigen wir diese Informationen:

   0 Firmenbezeichnung
   0 Telefonverbindungen
   0 Telexanschluß
   0 Sachbearbeiter
   0 Lieferbedingungen
   0 Zahlungsbedingungen
   0
   0

6. Im Lager kommen diese Zugänge vor:

   0 aus telefonischer Bestellung
   0 aus schriftlicher Bestellung
   0 ohne Bestellung
   0 durch Rücksendung von Kunden
   0
   0

7. Abgänge entstehen durch:

   0 telefonische Aufträge
   0 schriftliche Aufträge
   0 hausinterne Aufträge
   0 Rücksendung an Lieferanten
   0
   0

8. Lagerbewegungen (Zu- oder Abgänge) entstehen durch

   O Teillieferungen

   O Umbuchungen

   O Buchen von Differenzen

   O

   O

9. Die Zuordnung der Artikel zu Lagerorten erfolgt nach:

   O Bestellhäufigkeit

   O Warengruppen

   O Gewicht

   O Volumen

   O Größe der Lagereinheiten

   O freier Lagerfläche

   O Liefertermin

   O

   O

10. Die Langfristplanung der Bestände soll unterstützt werden durch:

   O Protokollierung der Lagerbewegungen

   O Verbrauchsstatistik

   O Trendermittlung

   O Berücksichtigung saisonaler Schwankungen

   O

   O

11. Die Kurzfristplanung der Bestände soll unterstützt werden durch:

   O Vorgabe von Bestellmengen

   O Vorgabe von Mindestbeständen

   O Berücksichtigung unterschiedlicher Lieferzeiten

   O

   O

12. Bestellungen sollen vorbereitet werden durch:

    O Angabe aller Artikel, deren Mindestbestand unterschritten ist
    O Bestellvorschlagsliste
    O Bestelliste
    O
    O

13. Diese Statistiken sind erforderlich:

    O Umsatzliste
    O Bestandsliste
    O Bestellhäufigkeit der Artikel
    O Ladenhüterliste
    O
    O

14. Für kurzfristige Dispositionen muß es möglich sein,

    O jederzeit Bestände abzufragen
    O bei eingehenden Aufträgen die Verfügbarkeit zu prüfen
    O Artikel für bestimmte Aufträge zu reservieren
    O Preise mehrerer Lieferanten miteinander zu vergleichen
    O Preistrends zu ermitteln
    O
    O

15. Folgende Bestände müssen geführt werden:

    O körperlicher Bestand
    O Vormerkbestand
    O frei disponierbarer Bestand
    O
    O

16. Für die Bewertung müssen diese Wertansätze möglich sein:

    0 gleitende Durchschnittspreise
    0 kumulierte Durchschnittspreise
    0 Verrechnungspreise
    0 Einstandspreise
    0 Fremdwährungen
    0
    0

17. Die Inventur soll unterstützt werden durch:

    0 Vorgabe von Zähllisten
    0 Vergleich der Zählmengen mit körperlichen Beständen
    0 Ausgabe einer Differenzliste
    0 Ausgabe der bewerteten Inventurliste
    0
    0

18. Die Lagerverwaltung soll Daten liefern an:

    0 Angebotswesen
    0 Auftragsbearbeitung
    0 Finanzbuchhaltung
    0
    0

2.1.8 Lohn- und Gehaltsbuchhaltung

Die Lohn- und Gehaltsbuchhaltung hat ihre Bedeutung nur als
zusätzliche Anwendung, nicht als Auslöser für eine DV-Entschei-
dung. In Unternehmen mit relativ wenigen Mitarbeitern sind der
mögliche Rationalisierungseffekt und der Gewinn an Aktualität
nur gering einzuschätzen.

1. Mengengerüst   heute   in 2 Jahren

    0 Wir haben soviele Lohnempfänger   ....

    0 Wir haben soviele Gehaltsempfänger   ....
    0 Die Mitarbeiter gehören zu soviel
      Krankenkassen   ....
    0 Auf soviel Konten überweisen wir
      Löhne und Gehälter   ....

    0   ....

    0   ....

2. Um die Löhne richtig zu erfassen, brauche ich

    0 Zeiterfassungsdaten
    0 Zeitlohn-/Akkorddaten
    0
    0

3. Das Programm soll erledigen

    O Monatsabschluß
    O Lohnsteuerjahresausgleich mit der Dezemberrechnung
    O Druck der Aufkleber für Lohnsteuerkarten
    O Druck der Einkommensteuermeldungen in meinem Unternehmen
    O
    O

4. Löhne und Gehälter zahle ich

    O mit Überweisungsformularen
    O mit Scheckformularen
    O bar
    O
    O

5. Zahlungsträger (Schecks oder Überweisungen) sollen
   automatisch beschriftet werden für

    O Entgelte
    O Abrechnung vermögenswirksamer Leistungen
    O Krankenkassenbeiträge
    O
    O

6. Die Lohn-/Gehaltsabrechnung soll diese Auswertungen liefern

    O Lohnjournal
    O Barauszahlungsliste
    O Überzahlungsliste
    O Geldsortenliste
    O Bankliste
    O Krankenkassenliste
    O Sozialversicherungsliste
    O Endsummenliste
    O Lohnsteuerliste
    O Lohnartenliste
    O Kostenstellenliste
    O Personalübersicht
    O
    O

7. Aus der Lohn-/Gehaltsabrechnung möchte ich Daten übernehmen in

    O Kostenrechnung
    O Finanzbuchhaltung
    O
    O

2.2 Software

Damit die beschriebenen Aufgaben mit den individuellen Anforderungen bearbeitet werden können, sind "Anweisungen" an den
Rechner erforderlich, damit z.B. bei der Fakturierung die Mehrwertsteuer

o mit dem richtigen Prozentsatz berechnet wird,
o an der richtigen Stelle des Formulars gedruckt wird.

Die Berechnung der Mehrwertsteuer ist aufgabenorientiert, d.h.
genau diese Berechnung ist erforderlich, um die Rechnung sach-
lich einwandfrei zu machen. Diese Berechnung wird vielleicht in
keinem anderen Zusammenhang benötigt.

Das Drucken der Mehrwertsteuer ist rechnerorientiert (genauer:
druckerorientiert), gedruckt wird nicht nur die Rechnung im
Arbeitsgebiet Fakturierung, sondern z.B. auch Briefe, Lagerli-
sten etc. in anderen Arbeitsgebieten.

Programme:

Alle Anweisungen an den Rechner und seine unterschiedlichen
Geräte werden in Programmen festgehalten, die der Rechner versteht und befolgen kann. Zu einem Arbeitsbiet kann es ein oder
mehrere Programme geben. Für mehrere Arbeitgebiete sind mehrere
Programme erforderlich, aufgabenorientierte und rechnerorien-
tierte.

Software:

Die Gesamtheit aller Programme, die Aufgaben des Anwenders
lösen und den Rechner betreiben, wird als Software bezeichnet,
und zwar als

o Anwendungssoftware oder Anwendungsprogramme und
o Systemsoftware oder Betriebssystem.

Aufgaben von Programmen:

Es gibt Anwendungsprogramme, die nur jeweils einem Zweck dienen, z.B. Fakturierung, Finanzbuchhaltung, Lagerhaltung, Lohn-
und Gehaltsabrechnung etc. Jedes dieser Programme erfüllt nur
einen ganz bestimmten Zweck und ist nicht für andere Aufgaben
geeignet. Nach der Erstellung und ggf. Anpassung eines Ein-
zweckprogramms ist keine Programmierung mehr erforderlich
(außer wenn sich die Anforderungen ändern).

Andere Programme sind für jeweils unterschiedliche Aufgaben
geeignet, z.B. Textverarbeitung, Tabellenkalkulation, Datenbank, Grafik. Diese Programme enthalten vorbereitete Funktionen, die so zusammengestellt werden müssen, wie es dem jeweiligen Zweck entspricht. Das Zusammenstellen ist eine einfache Art
Programmierung, die vom Anwender mit Hilfe seiner Problem-
kenntnisse bewältigt werden kann (eine Programmiersprache
braucht er nicht zu beherrschen!).

2.2.1 Mehrzweck-Software

Textverarbeitung:

Steuerbefehle erlauben die individuelle Gestaltung der Texte (z.B. Einzel- und Serienbriefe, Berichte, Formulare) mit

o unterschiedlichen Zeilenlängen und -abständen, Seitenlängen
o unterschiedlichen Schriftgrößen, Schrifttypen, Zeichenabständen
o Flattersatz links-/rechtsbündig, zentriert, Blocksatz
o Wiederholung von Kopf- und Fußzeilen, Seitennumerierung

Tabellenkalkulation:

"Arbeitsblätter" erlauben die Gestaltung beliebiger Rechenwege (z.B. für Planungsmodelle, Vergleichsrechnungen, Simulationsrechnungen) mit

o Verwendung der Grundrechenarten und mathematischer Funktionen, z.B. Wurzel, Minimum, Maximum, Durchschnitt, Standardabweichung
o Verwendung konstanter Werte, variabler Eingaben und Texte
o Formatierung der Werte, z.B. Festkomma, Gleitkomma, Rundung
o freier Aufbau der Tabelle mit Verschieben von Zeilen und Spalten oder automatischer Sortierung
o Wiederholung der Berechnungen mit wechselnden Daten

Datenbank:

Datenbanken (vergleichbar mit Karteien) erlauben die Speicherung, Aktualisierung und Abfrage von Daten nach dem eigenen Bedarf mit

o beliebigen Inhalten, z.B. Adressen, Artikeln, Statistiken, Verzeichnissen
o Texten, Werten, Mengen, Verschlüsselungen
o einzelnen und kombinierten Suchbegriffen, z.B. identifizierende Nummern, klassifizierende Schlüssel
o variablen Ausgaben auf Bildschirm oder Drucker, z.B. Sortierungen, Auflistungen, Einzelanzeigen, rechnerische Zusammenfassungen

Grafik:

Grafisch dargestellte Zahlen ermöglichen die Präsentation und den schnellen Überblick über komplizierte Zusammenhänge. Spezielle Programme gestalten (Management- oder Business-) Grafiken mit

o Kreis-, Kurven-, Balken-, Säulendiagrammen
o automatischen oder veränderbaren Skaleneinteilungen
o Schraffuren, Farben, erläuternden Texten

2.2.2 Einplatz- oder Mehrplatzsystem

Vor der Frage nach der Anwendungssoftware ist die Frage des geeigneten Betriebssystems zu klären. Die wesentliche Weichenstellung ergibt sich aus der Frage:

o reicht ein Rechner-Arbeitsplatz für das gesamte Volumen der Aufgaben aus (Einplatz-Rechner) oder

o sind mehrere Rechner-Arbeitplätze dafür erforderlich (Mehrplatz-Rechner oder Netz aus mehreren Rechnern)?

```
*******************************************************************
* Faustregel:                                                    *
* Die Bearbeitung mit dem Rechner kostet etwa                    *
* soviel Zeit wie die manuelle Bearbeitung                       *
* (der Nutzen der EDV liegt nicht in den Personalkosten,*
* sondern im Informationsgewinn).                                *
*******************************************************************
```

Wenn Sie es genauer ermitteln wollen:

Eine Kette ist nur so stark wie ihr schwächstes Glied, ein Rechner ist so schnell wie seine langsamste Einheit. Das ist bei kommerziellen Programmen in der Regel die Tastatur, die vom Menschen bedient wird.

Ihr Mengengerüst läßt unter anderem für jedes Arbeitsgebiet die Schätzung zu, wie lange der Rechner durch die Tastatur-Eingaben belegt ist:

      Anzahl der Eingaben pro Monat
    x Dauer einer Eingabe
    = Tastaturbelegung pro Monat.

Klären Sie diese Frage gemeinsam mit dem Anbieter des Systems, am besten bei Demonstrationen der Programme, die er Ihnen anbietet. Gehen Sie nicht von den kürzestmöglichen reinen Bedienungszeiten aus:

o wer bei Ihnen den Rechner bedient, ist wahrscheinlich eher Fachkraft als Datenerfasser(in),

o der normale Arbeitsablauf ist wahrscheinlich eine Mischung aus Sachbearbeitung (z.B. Daten suchen, prüfen, verstehen) und Datenerfassung (Eingabe über die Tastatur),

o wahrscheinlich gibt es während der Bedienung Ablenkung durch andere Aufgaben wie Rückfragen, Telefonate etc.

2.2.3 Betriebssysteme

Das Betriebssystem ist der Vermittler

o innerhalb der Hardware (zwischen Zentraleinheit und Hauptspeicher und Peripherie) und
o zwischen Hardware und Anwendungs-Software.

Es besteht aus Steuerungsprogrammen, z.B. für

o Datentransport zwischen den einzelnen Geräten (Ein-/Ausgabe-
   steuerung)
o Speicherplatzverwaltung im Hauptspeicher
o Speicherplatzverwaltung der externen Speicher: z.B. Disketten, Festplatten
o Anpassung der unterschiedlichen Geschwindigkeiten zwischen
   den einzelnen Geräten (Behandlung von Unterbrechungen =
   Interrupts)
o gleichzeitige Bearbeitung mehrerer Programme (Multiuser,
   Multitasking)
o Schutzfunktionen: Berechtigungsprüfung für Schreiben bzw.
   Lesen von Dateien, Datensätzen, Datenfeldern
o Verbindung zwischen unterschiedlichen Rechnern (Kommunika-
   tion)

Das   sind die bekanntesten Betriebssysteme für Personal   Computer:

```
===================================================================
!                    !  Einplatz- !  Mehrplatz-!   Netz       !
!                    !  Rechner   !  Rechner   !              !
!==================================================================!
!  8 Bit-Rechner ! *  CP/M (80)  !             !              !
!               !    DOS        !             !              !
!               !    TurboDOS   !             !  TurboDOS !
!               !    USCD-p     !             !              !
!               !              !  MP/M        !              !
!------------------------------------------------------------------!
! 16 Bit-Rechner ! *  MS-DOS     !             !              !
!               ! *  PC-DOS     !             !              !
!               !    CP/M-86    !             !  CP/M-86  !
!               !    CCP/M      !             !              !
!               !              !  MP/M-86     !              !
!               !              !  OASIS-16    !              !
!------------------------------------------------------------------!
! 32 Bit-Rechner !              !  UNIX        !              !
===================================================================
```

*   Die am weitesten verbreiteten Betriebssysteme für kommerzielle
    Anwendungen sind MS-DOS bzw. PC-DOS und CP/M.

Empfehlungen:

Unterschiede   zwischen   den Betriebssystemen   bezüglich Bedienungskomfort sind für den Anwender (der nicht selbst Software
entwickelt), von untergeordneter Bedeutung. Im Vordergrund
steht das Anwendungsprogramm bzw. die Auswahlmöglichkeit   im
Softwaremarkt. (Zu jedem geeigneten Anwendungsprogramm gibt es
ein Betriebssystem, nicht zu jedem Betriebssystem gibt es ein
geeignetes Anwendungsprogramm!)

Wählen Sie ein verbreitetes zukunftsorientiertes Betriebssystem, wenn Sie Ihre Anwendungssoftware nicht selbst entwikkeln. Je öfter ein Betriebssystem eingesetzt ist, desto mehr
Anwendungssoftware gibt es dafür. Das ist wichtig, weil mit
wachsenden Anwendungserfahrungen in der Regel der Softwarebe-
darf wächst. (Der Appetit kommt beim Essen.)

MS-DOS / PC-DOS erfüllt zur Zeit diese Bedingungen, es hat im
PC-Bereich den größten Marktanteil. MS-DOS / PC-DOS hat inzwischen das ältere Betriebssystem CP/M weit überflügelt.

Jedes Betriebssystem gibt es in mehreren Varianten, z.B. für
unterschiedliche Rechner, unterschiedliche Entwicklungsstände.
Die Entwicklungsstände sind an ihrer Numerierung zu erkennen.
Die aktuell verbreiteten Versionen der gängigen Betriebssysteme
sind

    PC-DOS 2.0 und MS-DOS 2.11
    CP/M 2.2 und CP/M 3.0

Die jüngeren Entwicklungsstände sind in der Regel leistungs-
stärker und brauchen evtl. mehr Speicherplatz. Manche Anwendungsprogramme laufen problemlos auf der älteren und der neueren
Version, andere Anwendungsprogramme laufen nur auf einer der
Versionen. Achten Sie bei Software-Entscheidungen auf die erforderliche Version des Betriebssystems, wenn Sie unangenehme
Überraschungen vermeiden wollen.

2.2.4 Integration

Jede EDV-Lösung verwendet Daten und Programme:

o Daten sind die Informationen, die verarbeitet oder gespeichert werden sollen, z.B. Mengen, Werte, Schlüssel, Texte zu
   Adressen, Aufträgen, Artikeln, Kunden etc.
o Programme sind die Regelungen, wie die Daten verarbeitet
   werden sollen, z.B. Adressen schreiben, Rechnungen erstellen, Statistiken berechnen.

Manche Datensätze werden in nur einem Programm verwendet, z.B.
manche gespeicherten Texte werden nur zum Schreiben eines
Briefes benutzt. Andere Datensätze werden in mehreren Programmen verwendet, z.B. Adressen für das Schreiben von Einzel- und
Serienbriefen, Rechnungen, Bestellungen, Telefonlisten, Etiketten, z.B. Artikel für das Schreiben von Rechnungen, für die
Bestandsführung, für die Inventur.

Beispiel: Datenfelder einer Adresse

```
=================================================================
! Datenfeld:         ! Verwendung:!Verwendung:! Verwendung:!
!                    !Fakturierung!Werbebriefe!Telefonliste!
!----------------------------------------------------------------!
! Kundennummer       !     ja     !    nein   !     nein    !
! Namenszeile 1      !     ja     !    ja     !     ja      !
! Namenszeile 2      !     ja     !    ja     !     ja      !
! Gesprächspartner!     nein   !    ja     !     ja      !
! Straße             !     ja     !    ja     !     nein    !
! Postleitzahl       !     ja     !    ja     !     nein    !
! Ort                !     ja     !    ja     !     nein    !
! Telefon            !     nein   !    nein   !     ja      !
! Telex              !     nein   !    nein   !     nein    !
! Umsatz             !     ja     !    nein   !     nein    !
! letzte Lieferung!     ja     !    nein   !     ja      !
=================================================================
```

Zwei Möglichkeiten der Adressenspeicherung gibt es:

o   entweder jeweils eine eigene Adressenverwaltung für Faktu-
    rierung, Werbebriefe, Telefonliste, mit den jeweils benötig-
    ten Feldern = "Insellösung", das entspricht z.B. drei Kar-
    teien,

o   oder eine gemeinsame Adressenverwaltung für alle Verwen-
    dungszwecke mit allen benötigten Feldern = "Integrierte
    Lösung", das entspricht einer Kartei.

Der Vorteil einer gemeinsamen Datei (Kartei) ist z.B.:

o   Platzbedarf nur an einer Stelle
o   Änderungsaufwand nur an einer Stelle
o   gleiche Aktualität für alle Verwendungszwecke

Sachliche Voraussetzung für eine gemeinsame Datei ist:

o   jedes Programm ist in der Lage, die gemeinsame Datei zu
    lesen,
o   jedes Programm kann die benötigten Adressen identifizieren,
o   jedes Programm kann die benötigten Felder erkennen.

Technische Voraussetzung für eine gemeinsame Datei ist:

o   alle Programme, die auf die gemeinsame Datei zugreifen,
    laufen im gleichen Betriebssystem
o   alle Programme, die auf die gemeinsame Datei zugreifen,
    verwenden die gleiche Definition des Datensatzes (z.B. glei-
    che Reihenfolge der Felder, gleiche Länge der Felder), d.h.
    die gleiche Software-"Schnittstelle".

Konsequenz für die Software-Auswahl, wenn Integration angestrebt wird:

o alle Programme, die auf gemeinsame Daten zugreifen sollen, müssen im gleichen Betriebssystem arbeiten,

o alle Programme, die auf gemeinsame Daten zugreifen sollen, müssen in der Definition der Schnittstelle anpassungsfähig sein,

o zweckmäßig und zukunftssicher ist, daß alle Programme (auch wenn sie zunächst nicht auf die gleichen Daten zugreifen sollen) im gleichen Betriebssystem laufen.

2.2.5 Integrierte Systeme

Eine Anwendungssituation: Der Anwender will

o in einer Datenbank Werte speichern (z.B. Kundenumsätze)
o diese Werte mit Hilfe der Tabellenkalkulation zu komplizierten Berechnungen zusammenfassen (z.B. Umsatzplanung)
o die Rechenergebnisse vom Grafik-Modul übersichtlich darstellen lassen (z.B. bisherige und zukünftige Umsatzentwicklung)
o mit der Textverarbeitung einen Bericht schreiben (z.B. Ab-
   satzplan)
o den Bericht mit den Ursprungsdaten aus der **Datenbank** und der
   Grafik ergänzen (z.B. Präsentation für den Außendienst)

Anstelle einzelner Programme für diese Aufgaben (Insellösung)
verspricht ein integriertes Gesamtsystem eine einfachere und
schnellere Lösung.

Integrierte Systeme sind die konsequente Weiterentwicklung der
folgenden Ansätze, Software ergonomischer (bedienerfreundli-
cher) zu gestalten:

o Mehrzwecksoftware für den individuellen Bedarf anpassen
o Vorteile der Integration nutzen
o unterschiedliche Programme einheitlich bedienen

Diesen Vorteilen steht die Besonderheit der Mehrzweck-Software
gegenüber, daß sie der eigenen Situation angepaßt werden kann
und muß. (Für den Erstanwender ist dieser Weg nur dann zu
empfehlen, wenn er bereit ist und Zeit hat, die Mehrzweck-
Software nach seinem Bedarf zusammenzustellen.)

Beispiele für integrierte Systeme (für MS-DOS- und PC-DOS-Rechner):

```
=====================================================================
! System:                    !OPEN ACCESS!  SYMPHONY ! FRAMEWORK !
! Hersteller:                !    SPI    !   LOTUS    !ASHTON TATE!
!-------------------------------------------------------------------!
! Bestandteile des           !           !            !           !
! integrierten Systems:      !           !            !           !
!                            !           !            !           !
! Textverarbeitung           !    ja  !     ja     !    ja     !
! Tabellenkalkulation        !    ja  !     ja     !    ja     !
! Datenbank                  !    ja  !     ja     !    ja     !
! Grafik                     !    ja  !     ja     !    ja     !
! Terminkalender             !    ja  !            !           !
! Berichtsstruktur           !           !            !    ja     !
! Programmiersprache         !           !            !    ja     !
! Kommunikation m. Rechnern!    ja  !     ja     !    ja     !
=====================================================================
```

2.2.6 Fenstertechnik

Eine praktische Situation mit konventionellen Organiationsmit-
teln: ein Sachbearbeiter bereitet die Fakturierung vor, indem
er die Anschrift eines Kunden aus der Kundenkartei entnimmt,
die Bestellmenge holt er aus dem Ordner mit Aufträgen, die
genaue Artikelbezeichnung und die aktuellen Preise entnimmt er
aus der Artikelkartei, die auch die Lagerbestände enthält. Wenn
in dieser Situation ein Kunde anruft, um nach dem Stand seines
Auftrags zu fragen, sucht der Sachberbeiter auf dem Schreibtisch, im Ordner oder der Kartei (oder an allen drei Stellen),
um die Frage des Kunden zu beantworten.

So könnte die gleiche Situation mit drei Computern sein: an
einem Rechner werden gerade Rechnungen geschrieben. Wenn der
Kunde seine Frage stellt, werden am zweiten Rechner die Auf-
tragsdaten und am dritten Rechner die Lagerbestände abgefragt.
Nachdem die Frage des Kunden beantwortet ist, sind der zweite
und der dritte Rechner wieder frei, die Fakturierung kann
fortgesetzt werden.

Mit drei Rechnern ist die Lösung nicht sinnvoll. Besser ist es,
die gleiche Situation mit nur einem Rechner zu bewältigen.

Jüngere Entwicklungen versuchen, diese Situation auf einem
Computer und einem Bildschirm nachzubilden, um die Arbeit mit
dem Computer an diesen gewohnten Arbeitsstil anzupassen.

Allgemeiner: Auf dem Schreibtisch liegen Papiere nebeneinander,
zum Teil übereinander; das zuletzt bearbeitete liegt ganz oben
und verdeckt teilweise andere Blätter; Blätter oder Ordner von
unten können zur weiteren Bearbeitung nach oben gezogen werden.

Der Bildschirm wird wie ein Schreibtisch mit daraufliegenden Blättern angesehen; die Blätter enthalten z.B. unterschiedliche Texte, Ordner, Karteikarten. Die "Blätter" auf dem Bildschirm sind Auszüge aus Datenbeständen. Jedes Blatt wird als "Fenster" (oder auch "Window" oder "Frame") bezeichnet. Informationen können in einem Fenster bearbeitet werden, von einem Fenster in andere übertragen oder kopiert werden, sie können geändert oder gelöscht werden.

Diese "Fenster-Technik" ("Windowing") setzt ein Zusammenspiel von Bildschirm, Tastatur, Betriebssystem und den Anwendungsprogrammen voraus, das zunehmend eingesetzt wird, z.B. bei Mehrzweckprogrammen und integrierten Systemen.

2.2.7 Grafische Anwenderhilfen

In der Arbeit am Rechner, z.B. in der Textverarbeitung, kann
der Wunsch entstehen,

o   wichtige Texte zu sichern,
o   Texte, deren Name vergessen wurde, aus einem Inhaltsver-
    zeichnis herauszusuchen,
o   vorhandene Texte zu kopieren, damit sie als Vorlage für
    einen neuen Text verwendet werden können,
o   vorhandene, nicht mehr benötigte Texte zu löschen, damit
    Platz gewonnen wird,
o   den belegten und den noch freien Speicherplatz zu erfahren.

Nicht alle Programme enthalten diese Funktionen. Und wenn die
Funktionen angeboten werden, sind sie oft unterschiedlich zu
bedienen, denn sie sind nicht "genormt". Daher ist nicht immer
zu vermeiden, daß der Anwender mit dem Betriebssystem seines
Rechners in Kontakt kommt, um mit dessen Funktionen die Anforderungen zu erfüllen.

Die Befehle an das Betriebssystem und dessen Rückmeldungen sind
bei den verbreiteten Systemen in englischer Sprache gehalten,
sie sind knapp formuliert, enthalten viele Fachausdrücke und
Abkürzungen, die den Anwender verwirren können. Die Arbeit mit
dem Betriebssystem ist also gerade für den Einsteiger wenig
komfortabel und enthält gewisse Sicherheitsrisiken für die
Existenz der Daten und Texte.

Um diese Schwierigkeiten zu vermeiden, wurden Systeme entwik-
kelt, die "zwischen" dem Anwender und dem Betriebssystem angesiedelt sind und die die Befehle und Meldungen des Betriebssystems in grafische Symbole (Piktogramme) übersetzen und am
Bildschirm anzeigen. Die Symbole (im DV-Bereich werden sie
"Icons" genannt) erinnern an Gegenstände aus dem Büroalltag:
ein Text wird als Blatt Papier mit einer umgeknickten Ecke
dargestellt, Speichern wird als Aktenordner oder Schrank ge-
zeigt, Löschen als Papierkorb etc.

Diese grafischen Anwenderhilfen sind noch nicht weit verbreitet, denn die Anwendungssoftware muß speziell dafür angepaßt
werden. Besondere Bedeutung hat diese Form der Bedienerführung,
wenn der Anwender wenig Übung mit dem System hat, z.B. wenn er

o sich in ein System neu einarbeitet,
o mit unterschiedlichen Programmen arbeitet,
o nur selten am Rechner arbeitet,
o Mehrzwecksoftware einsetzt.

Wenig hilfreich, z.T. sogar hinderlich, ist diese Form der
Unterstützung bei Arbeiten mit vielen Wiederholungen, wo nur
wenige Funktionen sehr oft und schnell benötigt werden, z.B.
Routine- und Massenarbeiten wie Buchführung, Bestandsführung
etc.

Markennamen sind z.B. GEM (von Digital Research), MACINTOSH
(von Apple), MS-WINDOWS (von Microsoft), TOP VIEW (von IBM).
Noch hat sich keines dieser Systeme als "Standard" durchgesetzt.

2.2.8 Software-Beschaffung

Welche Möglichkeiten der Software-Beschaffung gibt es?

	Individ. Programm selbst erstellen	Individ. Programm erstellen lassen	Standard- Programm kaufen
Erforderliches EDV-Wissen	hoch	mittel	gering
Zeitbedarf für Entwicklung	hoch	mittel	gering
Zeitbedarf für Tests	hoch	mittel	gering
Kosten	hoch	hoch	gering
Anpassung an eigenen Betrieb	ja	ja	prüfen
Abhängigkeit bei neuen Anforderungen	unabhängig	abhängig	prüfen
Häufigkeit in Mittelbetrieben	selten	selten	häufig

Individuelle Programme und Standardprogramme lassen sich mit
Maß- und Konfektionskleidung vergleichen. Gut gemachte Maßklei-
dung entspricht dem Wunsch des Auftraggebers, aber nur, wenn
Auftraggeber und Schneider bei der Auftragserteilung das gleiche gemeint haben. Konfektionskleidung ist "von der Stange",
sie kann trotzdem genau den Wünschen des Käufers entsprechen,
sie ist kostengünstiger.

Bei der Entscheidung über die Beschaffungsmöglichkeiten muß vorrangig die Erfüllung Ihrer Aufgaben berücksichtigt werden. Die Software-Anforderungen und -Angebote müssen auf Ihren Bedarf abgestimmt sein. Sie müssen also für jede Aufgabe prüfen, ob Sie individuelle oder Standardsoftware einsetzen wollen.

Diese Empfehlungen haben sich bewährt:

o Wenn Sie keine Programmiererfahrungen haben, versuchen Sie nicht, selbst Programme zu entwickeln. Zeitaufwand und Risiken sind nicht überschaubar!

o Standardaufgaben können Sie problemlos und kostengünstig mit Standardprogrammen lösen, individuelle Aufgaben mit individuellen Programmen.

o Häufig ist es wirtschaftlicher und sicherer, die Organisation an das Programm anzupassen als das Programm an den Betrieb anzupassen.

2.3 Zwischenergebnis 2:

2.3.1 Rückblick

Im ersten Kapitel haben Sie über Organisation und Wirtschaftlichkeit nachgedacht und sind zu einer Einschätzung gekommen,
ob Datenverarbeitung für Sie in Frage kommt und, wenn ja, für
welche Arbeitsgebiete.

Danach konnten Sie die Pflichtenhefte der einzelnen Arbeitsgebiete durcharbeiten. Vorhandene Anregungen konnten Sie verwenden und um eigene Punkte ergänzen. Haben Sie wirklich an alles
gedacht? Wollen Sie nicht lieber noch einmal in die für Sie
wichtigen Pflichtenhefte einsteigen? Noch einmal mit einem
gewissen Abstand mit Ihren betroffenen Mitarbeitern darüber
sprechen?

Ein Beispiel soll die Wiederholung dieser Fragen erläutern und
begründen. Ein junges Unternehmen in der Wachstumsphase kaufte
einen PC, um damit die Auftragsabwicklung zu unterstützen. Die
Hardware hatte die größtmögliche Ausbaustufe. Das hatte soviel
gekostet, daß für die Software nicht mehr viel Geld übrig war.
Also wurde die Software bei einem preiswerten Anbieter gekauft.
Der junge Unternehmer war stolz auf den ausgehandelten Preis.
Kunden- und Artikeldaten wurden erfaßt, das Programm arbeitete
bald einwandfrei. Nachdem nun wieder etwas Zeit zum Nachdenken
war, kamen diese Überraschungen:

1. Die Hardware war eine Nummer zu groß, d.h. zu teuer: der
   Farbbildschirm wurde vom Programm nicht versorgt, er zeigte
   nur einfarbig an; der große Arbeitsspeicher wurde vom Programm nur zur Hälfte genutzt.

2. Die Software war gut, aber erfüllte nicht den Bedarf. Die
   Auftragsabwicklung enthielt nicht die Möglichkeit, die Umsätze den Verkäufern zuzuordnen. Dadurch mußten die Provisionen in einer manuellen Nebenrechnung ermittelt werden.

3. Die Software erfüllte einen anderen Bedarf nicht, der ebenfalls erst später bewußt wurde. Die gespeicherten Kundenadressen (für die Fakturierung) konnten nicht an die Textverarbeitung übergeben werden. Briefe mit Informationen über
   aktuelle Angebote mußten also mit einem doppelt geführten
   Adressenbestand geschrieben werden, in den Briefen konnten
   keine umsatzabhängigen Rabatte angeboten werden, weil die
   Übernahme dieser Daten aus der Auftragsabwicklung zu ar-
   beitsaufwendig gewesen wäre.

Nach einem halben Jahr wurde der unbefriedigende Computerab-
lauf wieder auf die manuelle Verarbeitung umgestellt, der
Computer wurde nicht mehr genutzt. Keine spektakuläre Exi-
stenzgefährdung, aber vermeidbarer Aufwand. Der Unternehmer
hatte keine Problemlösung gekauft, sondern einen Rabatt.

Wollen Sie nicht doch noch einmal mit Ihren Mitarbeitern über
die Anforderungen diskutieren, die Checklisten / Pflichtenhefte
und die Fragen

o Mehrzwecksoftware: Text, Tabellenkalkulation, Datenbank,
   Grafik?
o Einplatz- oder Mehrplatzsystem?
o welches Betriebssystem?
o Integration und integrierte Systeme?
o Fenstertechnik - grafische Anwenderhilfen?
o individuelle oder Standard-Software?

2.3.2 Allgemeine Anforderungen an die Software

Wir benötigen ein　　　　　　　EINPLATZ-System / MEHRPLATZ-System

Wir wollen FENSTERTECHNIK einsetzen　　　　　　　JA / NEIN

Wir wollen GRAFISCHE ANWENDERHILFEN einsetzen　　JA / NEIN

Mehrzweck-Software:

Wir wollen TEXTVERARBEITUNG einsetzen　　　　　　JA / NEIN

Wir wollen TABELLENKALKULATION einsetzen　　　　JA / NEIN

Wir wollen ein DATENBANKSYSTEM einsetzen　　　　JA / NEIN

Wir wollen GRAFIK einsetzen　　　　　　　　　　　JA / NEIN

Wir wollen ein INTEGRIERTES SYSTEM einsetzen　　JA / NEIN

Einzweck-Software:

Wir wollen STANDARD-SOFTWARE einsetzen　　　　　JA / NEIN

Wir streben INTEGRATION an　　　　　　　　　　　JA / NEIN

Anmerkung:
Diese Seite finden Sie nochmals als heraustrennbares
Arbeitsblatt als Anhang am Ende des Buches zu Ihrer
persönlichen Unterstützung beim Computerkauf.

2.3.3 Software-Anfragen

Sie haben inzwischen die Arbeitsgebiete ausgewählt, die für
Ihre Organisation in Frage kommen : Zwischenergebnis 1. Für
diese Arbeitsgebiete haben Sie Pflichtenhefte erstellt. Außerdem haben Sie Ihre allgemeinen Anforderungen an die Software
festgelegt: Zwischenergebnis 2.

Kopieren Sie diese Unterlagen für Ihre Anfragen:

    o Zwischenergebnis 1
    o Pflichtenhefte der ausgewählten Arbeitsgebiete
    o Zwischenergebnis 2

Suchen Sie sich mindestens einen (besser mehrere) Händler in
Ihrer Umgebung. Sie finden Adressen z.B. im Branchentelefon-
buch, (Stichworte: Computer, Büromaschinen), in der Tagespresse
(unter den gleichen Stichworten), in Computer-Fachzeitschriften
(viele enthalten einen Anzeigenblock, der nach Postleitzahlen
oder Städten sortiert ist), bei Kollegenfirmen, Kammern.

Tragen Sie Ihre Absichten und die bisherigen Ergebnisse vor und
lassen Sie sich ein Software-Angebot machen, das alle bisher
erarbeiteten Wünsche abdeckt. Wenn Sie dem Händler Ihre kopier-
ten Unterlagen überlassen, kann er sich besser auf Ihren Bedarf
einstellen.

Behalten Sie Ihre Original-Unterlagen! Sie brauchen sie vielleicht noch für andere Anfragen und für die Überprüfung der
eingehenden Angebote.

Zu diesem Zeitpunkt brauchen Sie noch kein Hardwareangebot. Das
wird erst nötig, wenn Sie sich für bestimmte Programme ent-
schieden und deren Anforderungen ermittelt haben. Wenn der
Händler Ihnen bereits Informationsmaterial zur Verfügung
stellt, betrachten Sie es als Vorinformation, das Sie noch
nicht festlegt!

3 Software-Auswahl

3.1 Standardsoftware

Bis zum nächsten Zwischenergebnis erhalten Sie zusätzliche Informationen zur Software. Sie erfahren, was Sie von der Standardsoftware erwarten können und welche Anforderungen der Software an die Hardware zu beachten sind.

Wie transparent ist der Markt?

- o Für viele Aufgaben gibt es eine Vielzahl von Programmen.
- o Nicht nur Qualität, sondern Eignung ist wichtig.
- o Die Vergleichbarkeit ist schwierig, es gibt keine genormten Leistungsdaten.

Wer stellt Software her (oder läßt herstellen)?

- o Hardwarehersteller: alles aus einer Hand
- o Softwarehäuser und Berater: für unterschiedliche Anlagen, Branchen
- o Verbände für die eigene Branche
- o andere Anwender für die eigene Branche, Betriebsgröße
- o Rechenzentren mit unterschiedlichen Schwerpunkten

Wer (außer den Herstellern) verkauft Software?

- o Bürofachhändler
- o Computerläden
- o Elektronik-Fachgeschäfte
- o Software-Verlage
- o Software- und Systemhäuser
- o Distributoren
- o Anwenderclubs
- o Waren- und Versandhäuser

Wie entstehen Standardprogramme?

- o aus der Weiterentwicklung/Verallgemeinerung von Einzel-
  lösungen
- o selten als allgemeingültiger Ansatz
- o häufig unter Kosten- und Zeitdruck
- o häufig mit Zugeständnissen an die Bedienerfreundlichkeit

Wie passen Programme unterschiedlicher Herkunft zusammen?

- o häufig überlappen sich Funktionen (beide meinen es zu
  gut)
- o häufig sind Einzelfunktionen weder in einem noch im
  anderen Programm abgedeckt (einer verläßt sich auf den
  anderen)
- o in der Regel gibt es keine Vereinbarungen zur Datenübergabe (= keine definierten Schnittstellen)

3.1.1 Organisatorische Merkmale

Anwendungsgebiet:

Im Pflichtenheft muß für jedes Anwendungsgebiet festgelegt sein, welche Anforderungen die Software erfüllen muß, um den erwarteten Nutzen zu bringen.

Software-Beschreibung:

Die Software-Beschreibung muß so ausführlich sein, daß die Erfüllung der Anforderungen danach beurteilt werden kann.

Wenn das Werbematerial oder die Demonstrationen oder die zusätzlichen Auskünfte des Anbieters nicht ausreichen, kann das Bedienerhandbuch die Informationen liefern. In Fachzeitschriften erscheinen oft Testberichte und Marktübersichten, die zusätzliche Auskünfte geben können. Fragen Sie Ihren Anbieter.

Vorsicht bei mündlichen Aussagen: zu leicht können beim Anbieter oder beim Interessenten Mißverständnisse oder Verwechslungen zwischen unterschiedlichen Systemen vorkommen!

Wenn Sie Anforderungen und Angebot vergleichen, prüfen Sie:

o Sind die geforderten Funktionen im Programm enthalten?
o Verwenden die vorhandenen Funktionen die benötigten Methoden?
o Kann die mögliche Abweichung zwischen den angebotenen und den geforderten Methoden akzeptiert werden?
o Wenn nein: Kann die angebotene nicht passende Methode geändert oder ausgetauscht werden, mit welchem Aufwand, zu welchen Kosten?
o Erfüllt das Angebot Funktionen, die nicht im Pflichtenheft enthalten waren, die aber trotzdem sinnvoll scheinen?

Die Konsequenz aus der Prüfung ist:

o Informationen über zusätzliche wertvolle Funktionen sollen
   ins Pflichtenheft aufgenommen werden, um andere Angebote zu
   beurteilen!

o Bei der Erstellung bzw. Ergänzung der Pflichtenhefte ist es
   hilfreich, Programmbeschreibungen oder veröffentlichte Tests
   als Anregung zu benutzen.

3.1.2 Bedienungsmerkmale

Bedienerführung / "Software-Ergonomie"

Menütechnik:

> Das Programm bietet dem Bediener jederzeit die möglichen Funktionen auf dem Bildschirm an: einfach, übersichtlich, verständlich.

> Was nutzt ein Programm mit gut geeigneten Funktionen, wenn dem Anwender nicht bekannt ist, auf welche Funktionen er jetzt zugreifen kann?

Hilfe-Funktion:

> Das Programm bietet dem Bediener zu jedem Zeitpunkt die Möglichkeit, zusätzliche Informationen zur augenblicklichen Bildschirmanzeige (z.B. Erklärungen, Schlüsselverzeichnisse) gezielt abzufragen.

> Hilfe-Funktionen werden überwiegend in der Einarbeitungszeit gebraucht. Sie erleichtern das Einarbeiten ganz erheblich, indem sie die "Verzweiflung" des Anwenders verhindern. (Nach der Einarbeitung sind die Hilfefunktionen nicht mehr von großer Bedeutung.)

Formulierungen:

> Die Programmitteilungen (Anweisungen, Antworten) entstammen der Umgangssprache bzw. der Fachsprache des Bedieners

> Was nutzen dem Anwender Hinweise, die in ungewohnten EDV-Fachausdrücken oder Abkürzungen ungewohnt oder mißverständlich sind?

Reihenfolge:

Der Programmablauf entspricht der Logik eines gut organi-
sierten manuellen Ablaufs.

Die Bedienerführung muß leicht zu verstehen und leicht anzu-
wenden sein. Dazu gehört z.B. die gewohnte Leserichtung von
links nach rechts und von oben nach unten.

Bildschirminhalt:

Der Bildschirm ist übersichtlich gestaltet, nicht überladen
mit Informationsballast.

Die Forderung ist: so wenig wie möglich, damit die Übersicht
erhalten bleibt, und soviel wie nötig, damit der Zusammenhang nicht verloren geht.

Bildschirmgestaltung:

Der Bildschirmaufbau wird durch Farben, helle / dunkle
Schrift, Blinken gegliedert.

Es darf kein "buntes Feuerwerk" entstehen, indem zuviele
Gestaltungselemente eingesetzt werden. Innerhalb des gesam-
ten Systems sollten die Gestaltungselemente die gleiche
Bedeutung haben, sonst verwirren sie mehr als sie nutzen.

Fehlerbehandlung:

Im Dialog werden alle Eingaben auf Vollständigkeit und Plau-
sibilität geprüft, Fehleingaben werden verhindert, Korrek-
turmöglichkeiten werden angeboten.

Je früher und je zuverlässiger mögliche Fehler erkannt werden, desto besser sind die Ergebnisse und desto weniger
Korrekturaufwand ist zu treiben.

Risikobehandlung:

Funktionen, die Daten zerstören können (z.B. Löschen von
Daten, Sätzen, Dateien) werden durch zusätzliche Bestätigung
oder Wiederholung der Eingabe abgesichert.

Eine Taste kann leicht versehentlich gedrückt werden. Wenn
dabei Daten vernichtet werden, kann das viel Verwirrung und
Mehrarbeit auslösen. Daher ist das Löschen von Daten unbedingt abzusichern.

3.1.3 Systemmerkmale

Flexibilität (Änderung, Anpassungsfähigkeit, Wartbarkeit)

Ausgangssituation:

Mehr als 50 Prozent der Programmierkapazität sind mit Wartungs- und Pflege- oder Korrekturarbeiten gebunden. Oder: Wartung, Pflege und Korrektur verursachen mindestens ebensoviel Aufwand wie die Entwicklung eines Programms.

Anlässe für Wartung, Pflege, Korrektur:

o Fehler in der Entwicklung werden nicht vollständig entdeckt
o Anforderungen beim Anwender ändern sich
o gesetzliche Änderungen erzwingen Programmänderungen

Methoden zur Sicherstellung der Flexibilität:

Das Programm arbeitet mit veränderbaren Eingaben anstelle von konstanten Werten. Beispiel: MWST-Prozentsatz kann verändert werden, das Programm arbeitet solange mit einem bestimmten Prozentsatz, bis er verändert wird. Die veränderbare Größe ist ein "Parameter", die Methode heißt "Parametrisierung".

Das Programm bietet Wahlmöglichkeiten für bestimmte Aufgaben an, nicht nur ein Verfahren. Beispiel: Druck von Zahlungsträgern für ausgehende Zahlungen - der Anwender kann sich für den Druck von Überweisungen oder Schecks oder beides entscheiden. Die wählbaren Programmteile sind "Module", die Methode heißt "Modularisierung".

Das Programm verwendet Vereinbarungen zur Datenübergabe, um
Daten mit anderen Programmen austauschen zu können. Beispiel: Zahlungsfristen aus der Auftragsabwicklung werden der
Buchhaltung zur Verfügung gestellt, um dort die Mahnungen
automatisch zu schreiben. Die Vereinbarungen sind "definier-
te Schnittstellen", die Methode heißt "Integration".

Die Methoden ergänzen sich, sie schließen sich nicht aus.

Effizienz

Anwendersituation

Die Übung des Bedieners im Umgang mit dem Programm ist kein
Merkmal zur Beurteilung der Software.

Antwortzeiten

Antwortzeiten entstehen zwischen der Eingabe des Bedieners
und dem Anzeigen des Ergebnisses durch Suchen, Rechnen,
Verarbeiten im EDV-System. Je länger die Antwortzeiten sind,
desto mehr belasten sie den Bediener, desto länger wird das
EDV-System belegt. Das sind die Maßstäbe:

1 - 2 Sekunden sind gute Antwortzeiten
4 - 5 Sekunden sind akzeptabel bei komplizierten Vorgängen
10 Sekunden und länger sind nicht mehr akzeptabel

Hardware-Bedarf

Der Speicherbedarf wird durch die Größe des Programms bestimmt, für Programmbefehle, interne Programmtabellen etc.

Der Speicherbedarf spielt praktisch keine Rolle, solange er
nicht an die Grenzen der Ausbaufähigkeit des Systems stößt.
Innerhalb der Hardware-Grenzen ist der Ausbau zu relativ
geringen Kosten möglich.

3.1.4 Kostenmerkmale

Anschaffungskosten

Standardprogramme:

Die kostengünstigsten Softwareangebote sind Standardprogramme. Sie werden einmal entwickelt und oft verkauft.

Beispiele: Textverarbeitungsprogramme werden oft verkauft, leistungsfähige Systeme werden international mehrere hunderttausend Mal verkauft, Preise liegen in der Klasse zwischen 500 und 1500 DM. Buchhaltungsprogramme werden national mehrere hundert Mal verkauft, Preise liegen in der Klasse zwischen 1000 und 3000 DM. Branchenspezifische Programme werden national 10 bis 100 Mal verkauft, Preise liegen in der Klasse bis zu 10000 DM.

Anpassungsfähige Programme:

Anpassungsfähigkeit ergibt sich aus der besonderen Konzeption der Programme: Modularität, Parametrisierung, individuelle Umprogrammierung. Diese Konzeptionen sind aufwendiger und werden nicht in so hohen Stückzahlen wie die Standardprogramme verkauft. Die Anschaffungskosten sind entsprechend höher.

Individuelle Programme:

Die individuelle Programmierung ist die aufwendigste Form, da das Programm nur für einen Anwender erstellt wird. Die Kosten für die Programmierung liegen bei 600 bis 1500 DM pro Tag. Je nach Schwierigkeitsgrad werden wenige Tage bis mehrere Monate Programmierzeit benötigt.

Folgekosten

Folgekosten ergeben sich aus Änderungen an bestehenden Programmen:

o Manche Standardprogramme (z.B. Textverarbeitung) brauchen nie geändert zu werden, Folgekosten entstehen dann nicht.
o Modulare oder parametrisierte Programme können vom Anwender geändert werden, ohne daß er programmieren muß. Der Arbeitsaufwand verursacht keine Ausgaben.
o Änderungen durch Umprogrammierung verurachen Kosten (und Abhängigkeiten!), die wie bei der individuellen Programmierung vom Umfang der Änderung abhängen.

Andere Folgekosten hängen von individuellen Entscheidungen ab, z.B. Schulung, Einführungsuntertützung, Beratung.

3.2 Nutzwert-Analyse Software

3.2.1 Entscheidungsvorbereitung

Wenn für ein Anwendungsgebiet mehrere Software-Angebote vorliegen, muß das bestgeeignete ausgewählt werden (oder das, welches
am wenigsten vom Pflichtenheft abweicht). Diese Entscheidung
muß für jedes Anwendungsgebiet getroffen werden. Für die
Entscheidung werden die Beurteilungsmerkmale herangezogen, die
oben erläutert wurden: Jedes Angebot wird überprüft, wie weit
es den Merkmalen entspricht.

Es gibt Institutionen, die sich mit Qualitätstests für Software
befassen (TÜV und andere). Die Aussagefähigkeit solcher Tests
ist umstritten. Sie prüfen die Qualität der Software allgemein,
sie können aber keine Auskunft über die Eignung der Software
für Ihre Situation geben.

1. Stufe: KO-Kriterien

   Wenn bei der ersten Durchsicht erkannt wird, daß ein Software-Angebot einzelne wichtige Anforderungen überhaupt nicht
   erfüllt, kann es von den weiteren Überlegungen ausgeschlossen werden.

   Beispiele:

   o die Integration ist nicht möglich
   o das Programm ist zu klein für das Mengengerüst
   o eine wichtige Verarbeitungsfunktion fehlt
   o die Hilfe-Funktion fehlt
   o die Flexibilität reicht nicht aus
   o die Antwortzeiten sind zu lang
   o die Bedienersprache ist nicht Deutsch

2. Stufe: Kriterien-Gruppen

Kriterien-Katalog: Zunächst sind die Kriterien-Gruppen festzulegen, ihr Gewicht (ihre prozentuale Bedeutung im Verhältnis untereinander) ist festzulegen.

Beispiel:

```
Organisatorische Merkmale   50 Prozent
Bedienungsmerkmale          20 Prozent
Systemmerkmale              20 Prozent
Kostenmerkmale              10 Prozent
-------------------------------------------
Gesamt-Nutzen              100 Prozent
===========================================
```

3. Stufe: Einzel-Kriterien

Jede Kriteriengruppe ist so in Einzelkriterien aufzulösen,
wie es dem Pflichtenheft für das Anwendungsgebiet entspricht. Jedem Kriterium werden nach seiner Bedeutung die
anteiligen Punkte aus dieser Kriteriengruppe zugeordnet.

Beispiel: Adreßverwaltung

Kriterien-Gruppe:

Organisatorische Merkmale   50 Prozent

Einzelkriterien nach dem Pflichtenheft:

o Unterschiedliche Adressarten
   können verwaltet werden   3 Prozent
o Alle benötigten Datenfelder
   können verwaltet werden   5 Prozent
o Alle wichtigen Listen und Etiketten
   können geschrieben werden   10 Prozent
o Die Anschriften können nach
   Bedarf sortiert werden   2 Prozent
o Die Anschriften können nach
   Bedarf gesucht werden   10 Prozent
o Die Anschriften können in andere
   Anwendungen weitergegeben werden   20 Prozent

4. Stufe: Zielerfüllung

Die unterschiedlichen Angebote sind nun mit Hilfe der
Einzelkriterien zu bewerten. Die Bewertung erfolgt mit einer
Punkteskala von 0 bis 4, je besser das Angebot ein Einzel-
kriterium erfüllt, desto mehr Punkte erhält das Angebot.

Bedeutung der Punkte:

```
=============================================
!Zieler-! Das Angebot bringt uns in Bezug !
!füllung! auf dieses Einzelkriterium      !
!-------------------------------------------!
!   0    ! keinen Nutzen                   !
!   1    ! nur geringen Nutzen             !
!   2    ! durchschnittlichen Nutzen       !
!   3    ! einen guten Nutzen              !
!   4    ! den größtmöglichen Nutzen       !
=============================================
```

Die organisatorischen Merkmale sind die wichtigsten für die
Entscheidung über ein Software-Angebot. Deswegen sollen sie
besonders gründlich geprüft werden, z.B. mit Hilfe dieser
Fragen:

o Sind die geforderten Funktionen im Programm enthalten?
o Arbeiten die Funktionen mit den benötigten Methoden?
o Kann die Abweichung zwischen den geforderten und angebotenen Methoden akzeptiert werden?
o Wenn nein: kann die angebotene ungeeignete Methode geändert oder ausgetauscht werden, mit welchem Aufwand?
o Erfüllt das Angebot Funktionen, die nicht im Pflichtenheft enthalten, aber trotzdem nützlich sind?

5. Stufe: Nutzwert

Jedes Software-Angebot enthält soviel Einzelbewertungen wie
es Einzelkriterien gibt. Jedes Einzelkriterium ist nun mit
der Einzelbewertung des Software-Angebots zu multiplizieren,
um den Einzelnutzwert zu errechnen. Anschließend kann der
Gesamtnutzwert des Software-Angebots durch die Addition der
Einzelnutzwerte des Angebots errechnet werden. Beim Vergleich der Angebote ist das Angebot am besten geeignet, das
den höchsten Gesamtnutzen hat.

3.2.2 Beispiel zur Nutzwert-Analyse Software

	Gewicht in Prozent	Angebot 1		Angebot 2	
		Zieler-füllung	Nutz-wert	Zieler-füllung	Nutz-wert
Organisatorische Merkmale	(50)	-- :	--	-- :	--
		:		:	
o Unterschiedliche Adreßarten		:		:	
können verwaltet werden	3	2 :	6	1 :	3
o Alle benötigten Datenfelder		:		:	
können verwaltet werden	5	4 :	20	3 :	15
o Alle Etiketten und Listen		:		:	
können geschrieben werden	10	1 :	10	2 :	20
o Die Anschriften können nach		:		:	
Bedarf sortiert werden	2	4 :	8	3 :	6
o Die Anschriften können nach		:		:	
Bedarf gesucht werden	10	3 :	30	2 :	20
o Die Adressen sind für weite-		:		:	
re Aufgaben verwendbar	20	1 :	20	4 :	80
Bedienungsmerkmale	20	4 :	80	2 :	40
Systemmerkmale	(20)	-- :	--	-- :	--
		:		:	
o Flexibilität	12	2 :	24	3 :	36
o Effizienz	8	3 :	24	3 :	24
Kostenmerkmale	(10)	-- :	--	-- :	--
		:		:	
o Anschaffungskosten	5	2 :	10	3 :	15
o Folgekosten	5	4 :	20	4 :	20
Gesamtnutzen	100	-- :	252	-- :	279

Auswertung:

In diesem Beispiel ist das Angebot 2 mit einem Nutzwert 279 Punkten dem Angebot 1 mit nur 252 Punkten vorzuziehen.

Weiteres Vorgehen:

Kopieren Sie nun das Schema der folgenden Seite für jedes Arbeitsgebiet, damit Sie alle geeigneten Programme aus den Angeboten herausfiltern können. Ergänzen die das Blatt individuell für jedes Arbeitsgebiet: Füllen Sie die Einzel-Kriterien für die organisatorischen Merkmale so aus, wie es Ihrer ergänzten Version des jeweiligen Pflichtenhefts entspricht. Als Orientierungshilfe können Sie das vorige Beispiel verwenden. Danach können Sie die unterschiedlichen Angebote bewerten.

Empfehlung:

Vielleicht kommt Ihnen das Verfahren sehr aufwendig vor. Wenden Sie es trotzdem an! Es ist schon zu oft vorgekommen, daß Entscheidungen wegen unbedeutender Einzelheiten getroffen wurden, einfach weil die Bedeutung anderer Merkmale "vergessen" wurde, z.B. aufgrund der einseitigen Interessenlage und Argumentation des Anbieters.

Entscheiden Sie nicht nur nach den Nutzwertpunkten, berücksichtigen Sie auch die Integration. Ein noch akzeptables System mit Integration kann einen größeren Gesamtnutzen für Ihre organisatorischen Abläufe haben als Programme mit höheren einzelnen Nutzwerten, wenn sie ohne Integration arbeiten.

3.2.3 Nutzwert-Analyse Software

```
====================================================================
!                          !       !            !            !       !
!                          !Gewicht!            !            !       !
!                          !  in   !Zieler-: Nutz-!Zieler-: Nutz-!
!                          !Prozent!füllung: wert !füllung: wert !
!--------------------------!-------------------------------------!
!Organisatorische Merkmale ! (   ) !  -- :  -- !  -- :  -- !
!                          !       !     :     !     :     !
! - - - - - - - - - - - - -!-------------------------------------!
!                          !       !     :     !     :     !
! - - - - - - - - - - - - -!-------------------------------------!
!                          !       !     :     !     :     !
! - - - - - - - - - - - - -!-------------------------------------!
!                          !       !     :     !     :     !
! - - - - - - - - - - - - -!-------------------------------------!
!                          !       !     :     !     :     !
! - - - - - - - - - - - - -!-------------------------------------!
!                          !       !     :     !     :     !
! - - - - - - - - - - - - -!-------------------------------------!
!                          !       !     :     !     :     !
!--------------------------!-------------------------------------!
!Bedienungsmerkmale        !       !     :     !     :     !
!--------------------------!-------------------------------------!
!Systemmerkmale            ! (   ) !  -- :  -- !  -- :  -- !
! o Flexibilität           !       !     :     !     :     !
!                          !-------------------------------------!
! o Effizienz              !       !     :     !     :     !
!--------------------------!-------------------------------------!
!Kostenmerkmale            ! (   ) !  -- :  -- !  -- :  -- !
! o Anschaffungskosten     !       !     :     !     :     !
!                          !-------------------------------------!
! o Folgekosten            !       !     :     !     :     !
!--------------------------!-------------------------------------!
!Gesamtnutzen              !  100  !  -- :     !  -- :     !
====================================================================
```

3.2.4 Software-Zusammenstellung

Die Software-Auswahl muß für jedes Anwendungsgebiet getroffen
werden. Um eine Übersicht über die einzusetzende Software zu
erhalten, sollten alle ausgewählten Programme zusammengestellt
werden. Dabei bedeutet:

Arbeitsgebiet, Programmname:

  Bezeichnung, unter der das System eingesetzt und verkauft
  wird

Hersteller, Anbieter:

  Name und Anschrift des Herstellers und Ihres direkten Lieferanten

Betriebssystem:

  Das Betriebßystem ist üblicherweise nicht im Lieferumfang
  der Software enthalten, sondern wird zusammen mit der Hardware oder allein gekauft.

Hauptspeicherbedarf KB:

  Hier wird der Mindestbedarf in KB (Kilobyte) für das Programm angegeben. Häufig hängt die Verarbeitungsgeschwindigkeit vom verfügbaren Hauptspeicher ab: je mehr Speicher zur
  Verfügung steht, desto kürzer ist die Verarbeitungszeit.

Mindest-Hardware:

Hier wird der Gerätebedarf angegeben, z.B. Anzahl bzw. Kapazität der Diskettenlaufwerke bzw. Plattenspeicher, Art und Leistungsfähigkeit der Ausgabegeräte (Drucker, Grafikbildschirm)

Verarbeitungskapazität:

Hier werden die möglichen Grenzen des Programms aufgeführt, z.B. Anzahl Konten, Buchungen, Hardware-Grenzen.

Integration mit Programm .....:

Hier wird aufgeführt, von welchen anderen Programmen Daten übernommen oder an welche Programme Daten übergeben werden können.

Bedienersprache, Handbuchsprache:

Sprache, in der die Dokumentationen (Menüs, Fehlermeldungen, Bedienerhinweise, Handbücher) geschrieben sind.

Kaufpreis, Anpassungskosten:

Beträge, die Sie tatsächlich an Ihren Lieferanten bezahlen müssen, Anschaffungs- und Folgekosten.

Bemerkungen:

Hier können Sie Hinweise eintragen zum Lieferumfang, zur Schulung und sonstigen Unterstützung, Einschränkungen etc.

3.2.5 Software-Zusammenstellung (Beispiel)

```
===================================================================
! Programmname,   ! ABC-Fakt    ! ABC-Fibu     !            !            !
! Arbeitsgebiet   ! Fakturierg.! Finanzbuch-  !            !            !
!                 !             ! haltung      !            !            !
!                 !             !              !            !            !
!==================================================================!
! Hersteller      ! ABC-SOFT    ! ABC-Soft     !            !            !
!-----------------!-------------!--------------!------------!----------!
! Anbieter        ! Compushop   ! Compushop    !            !            !
!----------------------------------------------------------------------!
! Betriebssystem  ! PC/MS-DOS   ! PC/MS-DOS    !            !            !
!----------------------------------------------------------------------!
! Hauptspeicher-  ! 64 KB       ! 128 KB       !            !            !
! bedarf KB       !             !              !            !            !
!----------------------------------------------------------------------!
! Mindest-        ! 2 Disketten! 2 Disketten-!            !            !
! Hardware        ! laufwerke   ! laufwerke    !            !            !
!----------------------------------------------------------------------!
! Verarbeitungs-  ! 600 Kunden  ! 200 Sachkont!            !            !
! Kapazität       ! 600 Artikel! 800 Pers-Kt.!            !            !
!                 !             ! 600 off.Post!            !            !
!                 !             !1000 Buchung.!            !            !
!----------------------------------------------------------------------!
! Integration mit! ABC-Fibu     ! ABC-Fakt     !            !            !
! Programm .....  !             !              !            !            !
!                 !             !              !            !            !
!----------------------------------------------------------------------!
! Bedienersprache! deutsch      ! deutsch      !            !            !
!----------------------------------------------------------------------!
! Handbuchsprache! deutsch      ! deutsch      !            !            !
!==================================================================!
```

```
==================================================================
! Programmname,   ! ABC-Fakt   ! ABC-Fibu     !              !
! Arbeitsgebiet   ! Fakturierg.! Finanzbuch-  !              !
!                 !            ! haltung      !              !
!                 !            !              !              !
!=================================================================!
! Kaufpreis       ! 1750,00    ! 2400,00      !              !
!-----------------------------------------------------------------!
! Anpassungskost. ! 400,00     ! 400,00       !              !
!-----------------------------------------------------------------!
! Bemerkungen     ! Parameter- ! Parameter-   !              !
!                 ! anpassung +! anpassung +  !              !
!                 ! halbtägige ! halbtägige   !              !
!                 ! Einarbei-  ! Einarbei-    !              !
!                 ! tung durch ! tung durch   !              !
!                 ! Compushop  ! Compushop    !              !
!                 !            !              !              !
!=================================================================!
```

(Namen und Daten des Beispiels sind willkürlich gewählt)

Verwenden Sie das folgende Blatt bzw. Kopien davon für Ihre
Eintragungen.

3.2.6 Software-Zusammenstellung

```
===========================================================================
! Programmname,  !               !               !           !           !
! Arbeitsgebiet  !               !               !           !           !
!                !               !               !           !           !
!                !               !               !           !           !
!=========================================================================!
! Hersteller     !               !               !           !           !
!----------------!---------------!---------------!-----------!-----------!
! Anbieter       !               !               !           !           !
!-------------------------------------------------------------------------!
! Betriebssystem !               !               !           !           !
!-------------------------------------------------------------------------!
! Hauptspeicher- !               !               !           !           !
! bedarf KB      !               !               !           !           !
!-------------------------------------------------------------------------!
! Mindest-       !               !               !           !           !
! Hardware       !               !               !           !           !
!-------------------------------------------------------------------------!
! Verarbeitungs- !               !               !           !           !
! Kapazität      !               !               !           !           !
!                !               !               !           !           !
!                !               !               !           !           !
!-------------------------------------------------------------------------!
! Integration mit!               !               !           !           !
! Programm ..... !               !               !           !           !
!                !               !               !           !           !
!-------------------------------------------------------------------------!
! Bedienersprache!               !               !           !           !
!-------------------------------------------------------------------------!
! Handbuchsprache!               !               !           !           !
===========================================================================
```

Anmerkung:

Diese Seite finden Sie nochmals als heraustrennbares
Arbeitsblatt als Anhang am Ende des Buches zu Ihrer
persönlichen Unterstützung beim Computerkauf.

```
==========================================================================
! Programmname,  !               !               !              !            !
! Arbeitsgebiet  !               !               !              !            !
!                !               !               !              !            !
!                !               !               !              !            !
!========================================================================!
! Kaufpreis      !               !               !              !            !
!________________________________________________________________________!
! Anpassungskost.!               !               !              !            !
!________________________________________________________________________!
! Bemerkungen    !               !               !              !            !
!                !               !               !              !            !
!                !               !               !              !            !
!                !               !               !              !            !
!                !               !               !              !            !
!                !               !               !              !            !
!========================================================================!
```

Anmerkung:

Diese Seite finden Sie nochmals als heraustrennbares
Arbeitsblatt als Anhang am Ende des Buches zu Ihrer
persönlichen Unterstützung beim Computerkauf.

3.2.7 Software-Auswertung

1. Sind alle Felder ausgefüllt? Informieren Sie sich über die fehlenden Merkmale.

2. Wenn es keine plausible Erklärung für das Nicht-Ausfüllen gibt, seien Sie kritisch. Vielleicht verbirgt sich dahinter ein Problem, das das Angebot für Ihren Zweck untauglich macht.

3. Arbeiten alle Programme im gleichen Betriebssystem? Wenn nein, muß es sehr wichtige Gründe geben, auf die Integrierbarkeit zu verzichten.

4. Welches ist der größte Hauptspeicherbedarf? Das wird die Mindestgröße für Ihre Hardware-Entscheidung.

5. Ermitteln Sie den Hardware-Bedarf:

Massenspeicher:

Wenn in drei Programmen unterschiedliche Kapazitäten benötigt werden (z.B. 2 Disketten zu je 720 KB, 2 Disketten zu je 360 KB, 1 Diskette zu 360 KB und 1 Festplatte mit 10 MB), dann addieren sich die Größen nicht, sondern die größte bestimmt Ihren Bedarf (hier: Diskette mit 360 KB und Festplatte mit 10 MB).

Bildschirm:

Wenn ein einfarbiger und ein Farbbildschirm gefordet werden, brauchen Sie den Farbbildschirm.

Drucker:

Wenn ein "Drucker" (ohne Zusatzbemerkung) und ein "grafik-
fähiger Drucker" gefordert werden, brauchen Sie den grafik-
fähigen Drucker.

Zusatzkarten:

Wenn für besondere Funktionen Zusatzkarten (oder Steckkarten) gefordert werden, müssen Sie sie mit einplanen, aber
nur dann.

6. Prüfen Sie, ob die genannte Verarbeitungskapazität zu Ihrem
   zukünftigen Mengengerüst paßt. Wenn nein, ist das Programm
   nicht geeignet!

7. Wenn Sie Integration wünschen, prüfen Sie, ob sie möglich
   ist. Wenn nein, muß es sehr wichtige Gründe geben, auf die
   Integrierbarkeit zu verzichten.

8. Prüfen Sie die Bediener- und die Handbuchsprache. Wenn eine
   Fremdsprache (oft Englisch) angeboten wird, stimmen Sie mit
   dem Bediener ab, ob er sie ausreichend beherrscht und mit
   ihrem Einsatz einverstanden ist!

9. Errechnen Sie die Kaufpreise und Anpassungskosten.

10. Prüfen Sie Ihre Bemerkungen auf die Bedeutung für Ihre
    Entscheidung.

3.3 Zwischenergebnis 3:

3.3.1 Rückblick

In den ersten beiden Kapiteln hatten Sie die Gelegenheit, Die Arbeitsgebiete auszuwählen und die Anforderungen konkret zu beschreiben, die für Ihre Situation die beste Lösung bieten.

Jetzt kommt der schwierigste und wichtigste Teil der Computer-Entscheidung auf Sie zu, Sie müssen aus dem evtl. großen Software-Angebot dasjenige auswählen, das am besten Ihre Anforderungen erfüllt. Noch einmal der dringende Hinweis: holen Sie die Mitarbeiter dazu, die später mit dem System arbeiten müssen. Wenn Sie jetzt Entscheidungen treffen, die von Ihren Mitarbeitern nicht mit getragen werden, ist der Erfolg der Umstellung auf die Datenverarbeitung gefährdet. Ihre Mitarbeiter können psychologisch viel leichter ein System ablehnen, das sie als "aufgezwungen" empfinden. Wenn sie selbst bei der Auswahl etwas übersehen haben (was bei dem unbekannten Instrument Computer leicht vorkommen kann), sind sie eher bereit, Kompromisse zu akzeptieren.

Sie haben bisher die Bedienungsmerkmale kennengelernt, die Systemmerkmale, die Kostenmerkmale, die Verfahren der Nutzwert-Analyse, die Software-Zusammenstellung und deren Auswertung.

Wahrscheinlich sind Ihnen einige Merkmale aufgrund der Beschreibung fremd geblieben. Die Chance, beim Lesen eine realistische Vorstellung z.B. von den Bedienungsmerkmalen zu bekommen, ist so groß, wie beim Lesen einer Speisekarte satt zu werden. Sehen Sie sich die Funktionen beim Anbieter an. Nehmen Sie die Beschreibung dieser Merkmale mit zum Anbieter und fragen Sie gezielt danach.

Arbeiten Sie mit der Nutzwert-Analyse, auch wenn Ihnen die Einschätzung nicht ganz leicht fällt. Das ist die einzige Chance, die vielfältigen Einzelheiten in ihrem gesamten Zusammenhang und entsprechend ihrer Bedeutung zu beurteilen.

Fragen Sie Ihren Anbieter. Fragen Sie in Ihrem Verband. Fragen Sie Ihre Mitarbeiter. Fragen Sie einen neutralen Berater. Fragen Sie andere Anwender. Fragen Sie auf Messen. Fragen Sie in Ihrem Club. Fragen Sie zufriedene Anwender, ob sie wirklich zufrieden sind und warum. Fragen Sie unzufriedene Anwender, was Sie beim nächsten Mal besser machen würden. Fragen Sie. Sie werden sicher widersprüchliche Empfehlungen hören. Versuchen Sie plausible Erklärungen für die Widersprüche zu finden. Aus vielen einzelnen Antworten bildet sich für Sie ein Mosaikbild, das zwar nicht ganz der Realität entspricht, das Sie aber einer praxisgerechten Entscheidung viel näher bringt.

Lassen Sie sich Zeit für die Software-Entscheidung. Kein Messepreis oder Sonderangebot kann so gut sein, daß sich eine mittelfristig wirksame Fehlentscheidung lohnt. Bei einem besonderen Software-Angebot können Sie vielleicht ein paar hundert Mark sparen, der Ärger, den Sie sich durch einen voreiligen Entschluß einhandeln, kann Sie auf Dauer belasten.

Wenn Sie meinen, daß Sie genug wissen, stellen Sie auf den folgenden Blättern zusammen, welche Anforderungen die ausgewählte Software an die Hardware stellt.

3.3.2 Anforderungen der Software an die Hardware

Allgemeines:

Dieses Betriebssystem wird benötigt: ....

Dieser größte Arbeitsspeicher wird benötigt: .... KB

Bildschirm:

Der Bildschirm muß Farbe darstellen   JA / NEIN

Drucker:

Der / die Drucker sollen arbeiten mit: Matrix / Typenrad

Der Drucker muß grafikfähig sein   JA / NEIN

Diese Papierdurchlassbreite ist nötig: DIN A4   hoch / quer

Massenspeicher:

Wir benötigen soviel Diskettenlaufwerke   ....

Jedes Laufwerk soll diese Kapazität haben   .... KB

Wir benötigen eine Festplatte dieser Kapazität   .... MB

Anmerkung:
Diese Seite finden Sie nochmals als heraustrennbares
Arbeitsblatt als Anhang am Ende des Buches zu Ihrer
persönlichen Unterstützung beim Computerkauf.

4 Arbeitsplatz

4.1 Hardwarekomponenten

Wenn Aufgaben am Schreibtisch gelöst werden, werden häufig zur Unterstützung Hilfsmittel eingesetzt: Bleistift, Schreibmaschine, Rechenmaschine etc. Diese Hilfsmittel werden als "konventionelle Organisationsmittel" bezeichnet. Außerdem werden bestimmte Abläufe beachtet. Wenn Informationen verarbeitet werden, erfolgt das nach diesem Schema, unabhängig von der Art der eingesetzten Hilfsmittel:


```
Eingeben  ))))))))))  Verarbeiten  ))))))))))  Ausgeben
                          !    !
                          !    !
                       Speichern
```


So ist das Schema zu verstehen: Ziel ist es, bestimmte Ergebnisse zu erhalten und darzustellen. Diese Funktion wird hier als "Ausgeben" beschrieben. Damit die Ergebnisse ausgegeben werden können, ist das "Verarbeiten" nötig, das ist die Logik in diesem Ablauf. Damit das Verarbeiten überhaupt erfolgen kann, müssen Informationen bereitgestellt werden. Das geschieht durch das erstmalige "Eingeben" oder durch den Abruf von Informationen aus einem "Speicher". Der Abruf aus dem Speicher setzt voraus, daß der Speicher vorher gefüllt wurde, z.B. durch das Eingeben von Daten oder eine vorgeschaltete Verarbeitung.

Die konventionellen Organisationsmittel haben jeweils einen bestimmten Verwendungszweck und erfüllen dafür eine oder mehrere Funktionen:

Funktion Organisationsmittel	Eingeben	Verarbeiten Rechnen	Speichern	Ausgeben
Bleistift	nein	nein	nein	ja
mech. Schreibmaschine	ja	nein	nein	ja
elektron. Schreibmaschine	ja	nein	ja	ja
Taschenrechner	ja	ja	z.T.	ja
Rechenmaschine	ja	ja	z.T.	ja
Ordner	nein	nein	ja	nein
Kartei	nein	nein	ja	nein
Buchungsmaschine	ja	ja	ja	ja
Fakturiermaschine	ja	ja	ja	ja
Fernschreiber	ja	nein	ja	ja
erforderliches Gerät z.B.	Tastatur	Mechanik Programm Chip	Mechanik Papier Chip	Drucker Anzeige

Die Leistungsfähigkeit der Organisationsmittel ergibt sich aus der Art der Leistung und ihrer Geschwindigkeit.

EDV-Systeme (Hardware plus Software) sind Organisationsmittel, die alle genannten Funktionen erfüllen, sie können als "Mehrzweck-Organisationsmittel" eingesetzt werden. Wie viele moderne Geräte sind auch Computer aus einzelnen Geräten (Bausteinen, Modulen, Komponenten) zusammengesetzt. EDV-Systeme benötigen spezielle Geräte für die einzelnen Funktionen:

```
--------------------     --------------------     --------------------
!  Eingeben:      !      !  Verarbeiten:   !      !  Ausgeben:      !
!                 !      !                 !      !                 !
!  Tastatur       ))))))) Mikroprozessor )))))))  Bildschirm       !
!  Maus           !      ! Bus, Interfaces!      !  Drucker        !
!  Kontakt-BS     !      ! Steckkarten    !      !                 !
--------------------     --------------------     --------------------
                              !    !
                              !    !
                         --------------------
                         !  Speichern:    !
                         !                !
                         !  Diskette      !
                         !  Festplatte    !
                         !  Wechselplatte !
                         --------------------
```

Alle Geräte werden unter der Bezeichnung Hardware zusammengefaßt, die individuelle Zusammenstellung für einen Anwender
heißt Konfiguration. Eingabe-, Ausgabe- und Speichergeräte
bilden die Peripherie.

Das folgende Kapitel beschreibt die einzelnen Komponenten der
Hardware unter dem Gesichtspunkt, worauf Sie als Anwender achten müssen, um für Ihre Situation die geeignete Ausstattung
auszuwählen. Wegen der weitgehenden Standardisierung haben Sie
viele Wahlmöglichkeiten. Sie können z.B. bei Autos nicht den
Motor von BMW mit der Karosserie von Mercedes und dem Getriebe
von Opel kombinieren. Sie können aber durchaus Rechner, Drukker, Bildschirm und Speichereinheiten von unterschiedlichen
Herstellern miteinander koppeln.

4.1.1 Eingeben

Tastatur

Das wichtigste Eingabemedium ist die Tastatur. Computertastaturen haben als Grundausstattung Tasten wie eine Schreibmaschine. Die meisten Computertastaturen haben zusätzlich Funktionstasten mit unterschiedlichen Aufgaben.

Einige Funktionstasten nutzen besondere Möglichkeiten der Hardware bzw. des Betriebssystems. Dazu gehören RETURN (oder ENTER), ESC (Escape), CTRL (Control) und andere. Diese Funktionstasten sind "zwangsläufige" Ausstattungsmerkmale, die für die Auswahlentscheidungen keine Bedeutung haben.

Deutsche Schreibmaschinentastatur:

Die minimale Ausstattung jeder Tastatur sind die Schreibmaschinentasten und die "zwangsläufigen" Funktionstasten. Die Anordnung der Schreibmaschinentasten soll der DIN-Norm 2137 entsprechen, damit beim Wechseln von der Schreibmaschine zum Rechner (und zurück) Umgewöhnungsfehler vermieden werden. Die wesentlichen Merkmale sind:

o die erste Buchstabenzeile beginnt mit QWERTZ (bei fremdsprachigen Tastaturen QWERTY, d.h. Tasten für Y und Z sind vertauscht)

o die Tastatur hat im rechten Teil die Umlaute Ü, Ö, Ä und den Buchstaben ß (fremdsprachige Tastaturen haben stattdessen Sonderzeichen wie z.B. eckige Klammern)

Programmierbare Funktionstasten:

Bestimmte Funktionstasten dienen dazu, die Fähigkeiten der
Anwender-Software zu nutzen, sie erleichtern die Eingaben
von Daten bzw. Befehlen. Ihre Bedeutung hängt vom jeweiligen
Programm ab, d.h. sie kann von einem Programm zum anderen
wechseln. Diese Funktionstasten werden daher als "frei pro-
grammierbar" oder als "Soft Keys" (Soft von Software, Key
englisch für Taste) bezeichnet. Komfortable Tastaturen sind
mit etwa 10 bis 15 Funktionstasten ausgestattet, die dann
meist mit F1 bis F10 bzw. F15 beschriftet sind.

Ziffernblock:

Einige Tastaturen haben einen zusätzlichen Ziffernblock
ähnlich wie Taschenrechner, mit den Ziffern 0 bis 9, dem
Dezimalpunkt und evtl. zusätzlichen Tasten mit den Rechenfunktionen + - x : = und einer zweiten RETURN-Taste. Der
Ziffernblock ist zweckmäßig, wenn viele numerische Daten
eingeben werden sollen. Die zweite RETURN-Taste beschleunigt
die Eingabe und macht sie sicherer: sie erspart es, die Hand
vom Ziffernblock zur RETURN-Taste des Buchstabenblocks zu
bewegen.

Cursorbewegungen:

Der Cursor ist ein Lichtpunkt auf dem Bildschirm, der anzeigt, wo die nächste Eingabe erfolgt; das entspricht beim
Bleistift dessen Spitze auf dem Papier oder bei der Schreibmaschine der Stellung des Typenrades vor der Schreibwalze.
Um den Cursor auf dem Bildschirm schrittweise bewegen zu
können, sind mindestens die Richtungen rechts, links, oben
und unten erforderlich. Zweckmäßig ist auch die springende
Bewegung mit einer TABulator-Taste (innerhalb der Zeile) und
der HOME-Taste (zur linken oberen Ecke des Bildschirms).

Bei einfachen Tastaturen (oder bei Standardprogrammen, die
für minimale Rechnerausstattung geschrieben sind), wird der
Cursor mit einer Kombination von Tasten bewegt, die gleichzeitig gedrückt werden müssen, z.B. CONTROL mit dem Buchsta-
benkreuz E X S D bewegt den Cursor in vier Richtungen.

Bei vielen Tastaturen (z.B. IBM-PC und kompatible Rechner)
sind die Cursorbewegungen in den Ziffernblock gelegt. Hier
muß die Bedeutung des Ziffernblocks mit einer zusätzlichen
Taste (z.B. NUM-LOCK) umgeschaltet werden, dann wird der
Cursor mit den Ziffernkreuz 8 2 4 6 bewegt. Diese Lösung ist
besser als bei einfachen Tastaturen. Bedienungsfehler kommen
vor, wenn abwechselnd Ziffern eingegeben und der Cursor
bewegt werden muß, z.B. bei der Tabellenkalkulation. Die
Doppelnutzung des Ziffernblocks wird besonders dann kriti-
siert, wenn keine Leuchtdiode den Umschaltzustand anzeigt.
Zubehör-Hersteller bieten Zusatztastaturen an, die diese
Schwierigkeiten ausschalten.

Die besten Tastaturen haben einen eigenen Cursorblock, dessen Tasten ohne Umschaltung nur den Cursor bewegen.

Eigenes Gehäuse:

Die Tastatur soll ein eigenes Gehäuse haben, das mit dem
Gehäuse des Rechners (oder des Bildschirms) durch ein (Spi-
ral-) Kabel oder kabellos mit (Infrarot-) Strahlen verbunden
ist. Dadurch wird es möglich, die Tastatur für eine bequeme
Haltung aufzustellen. Sie soll vorn (zum Körper hin)
möglichst flach sein, der Neigungswinkel soll durch Anheben
des hinteren Teils verstellbar sein. (Flache Tastaturen
können ohne Belastung auf einem Schreibtisch mit normaler
Höhe verwendet werden).

Tastatur-Design:

Für das sichere "Blindschreiben" ist es wichtig, daß

o   die Shift-Tasten nicht durch andere Tasten verdeckt sind,
o   die RETURN-Taste größer als die übrigen Tasten ist,
o   das Drücken einer Taste durch einen spürbaren Druckpunkt
    und ein hörbares Klicken bestätigt wird.

Eingeben: Maus

Als Ergänzung zur Tastatur kann eine "Maus" eingesetzt werden, ein Kästchen mit einer Rolle darin, das der Bediener so
über den Tisch rollt, wie er den Cursor über den Bildschirm
bewegen will. (Die Bewegung der Rolle wird von der Maus über
ein Kabel oder Strahlen an den Rechner übertragen, der die
Cursorbewegung auf dem Bildschirm darstellt).

Diese einfache und schnelle Form der Cursorbewegung ist
geeignet, aus Menüs die gewünschte Funktion auszuwählen oder
grafische Eingaben zu machen. Für schnelle und umfangreiche
Dateneingaben (z.B. Text oder Zahlen) ist die Maus nicht
geeignet.

Typische Anwendungen sind daher Situationen, in denen ein
Bediener noch wenig Übung mit dem EDV-System hat bzw. grafische Daten verarbeiten will. Ein typischer Rechner ist der
Apple-Macintosh mit spezifischer Software, für andere Rechner wird zunehmend Maus-Software entwickelt.

Dem Vorteil der einfachen Eingabe steht der Nachteil gegenüber, daß auf dem Arbeitstisch eine ausreichend große und
saubere Fläche für die Mausbewegungen frei bleiben muß.

Eingeben: Kontakt-Bildschirm

Eine andere Ergänzung zur Tastatur ist der Kontakt-Bildschirm: Auf dem Bildschirm wird das Menü in Form von Texten
oder Piktogrammen dargestellt, die gewünschte Funktion wird
durch das Berühren der Funktion mit dem Finger oder einem
Stift ausgewählt. Andere Bezeichnungen sind Berührungsbild-
schirm oder Touch Screen.

Der Kontakt-Bildschirm wird Anwendern empfohlen, die wenig
Übung haben und denen die Bedienung erleichtert werden soll.
Ein typischer Rechner ist der Hewlett Packard HP 150.

Dem Vorteil der einfachen Eingabe steht der Nachteil einer
einseitigen körperlichen Belastung gegenüber.

Eingeben: andere Eingaben

Für spezielle Anwendungen gibt es weitere Eingabemöglichkeiten mit (noch) geringer Verbreitung und entsprechend höheren
Kosten:

o Scanner für das Lesen von Strichcodes, z.B. im Einzelhandel an Kassen bzw. im Lager eingesetzt, um Artikelnummern
   zu lesen,
o Digitalisiertabletts für das Speichern grafischer Eingaben,
o Klarschriftleser für Dateneingaben ohne Tastatur,
o Spracheingaben für Befehle und Texte.

4.1.2 Ausgeben:

Bildschirm

Der Bildschirm oder Monitor ist das Ausgabemedium für alle Rechner, zusammen mit der Tastatur stellt er den Dialog zwischen dem Rechner und dem Bediener her: Die Software fordert den Bediener mit Hilfe des Bildschirms auf, bestimmte Eingaben zu machen, die Tastatureingaben werden auf dem Bildschirm angezeigt.

Aufstellung

Bildschirme sollen nicht blenden, dafür muß die Oberfläche entspiegelt sein. Zusätzlich ist es nützlich, wenn der Bildschirm auf seinem Fuß gedreht und gekippt werden kann, um Reflexe zu vermeiden. Das setzt voraus, daß er in einem eigenen Gehäuse untergebracht ist.

Größe und Kapazität

Bildschirme haben üblicherweise eine Diagonale von 12 Zoll, das sind etwa 30 cm, wie bei einem tragbaren Fernseher. Buchstaben werden hier etwas größer als auf dem Papier dargestellt. Seltenere Größen sind 14 Zoll bei Tischgeräten oder 9 Zoll bei tragbaren Geräten.

Die Standardkapazität des Bildschirms ist 24 bzw. 25 Zeilen zu je 80 Zeichen. Zum Vergleich: ein DIN A4-Blatt faßt in Schreibmaschinenschrift maximal 72 Zeilen zu je 80 Zeichen, das ist etwa die dreifache Bildschirmkapazität.

Als Ausnahme werden Bildschirme angeboten, die das volle Format eines DIN A4-Blattes haben. Diese Form ist vorteilhaft für die Textverarbeitung, weil die Gestaltung einer Seite einfach und übersichtlich ist. Sie ist wenig verbreitet. Es gibt wenig Software, diese Lösung ist deutlich teurer als die Standard-Bildschirme.

Als preiswerte Lösung gelten bereits vorhandene Fernsehgeräte. Für den professionellen Einsatz sind sie nicht geeignet, weil sie eine wesentlich schlechtere Darstellungsschärfe und nur 40 Zeichen pro Zeile haben. (Sie werden oft für Heimcomputer verwendet.)

Darstellungstechnik

Die meisten Bildschirme arbeiten - wie Fernseher - mit Kathodenstrahlen. Sie werden oft als CRT-Bildschirm (Cathode Ray Tube) bezeichnet. Diese Technik erlaubt die farbige oder einfarbige Darstellung. Die dargestellten Zeichen sind auch bei geringer Beleuchtung gut lesbar. Diese Bildschirme werden bei Tischrechnern und bei den größeren transportablen Rechnern eingesetzt.

Einige Bildschirme verwenden - ähnlich wie Taschenrechner oder Digitaluhren - die LCD-Darstellung. Bei dieser Technik ist nur einfarbige Darstellung möglich. Die Lesbarkeit bei geringer Beleuchtung oder ungünstigem Blickwinkel ist deutlich schlechter. Der Aufbau eines Bildes dauert etwas länger als beim CRT-Bildschirm. Die LCD-Bildschirme werden, weil sie flach gebaut werden können, für kleinere tragbare Rechner eingesetzt.

Bei allen Bildschirmen wird ein Zeichen aus einzelnen Punkten zusammengesetzt. Wenn wenig Punkte verwendet werden, erscheinen die Linien "ausgefranst", das Auge wird bei längerer Arbeit belastet. Wenn viele Punkte verwendet werden, erscheinen die Linien scharf und belasten das Auge weniger. Beispiele für einen einfarbigen Bildschirm, mit Textdarstellung in 25 Zeilen zu je 80 Zeichen:

o normale Auflösung: 7x9 Punkte pro Zeichen,
o gute Auflösung: 13x16 Punkte pro Zeichen,
o beste Auflösung: 14x21 Punkte pro Zeichen.

Farben:

Farbige Bildschirme sind sinnvoll, wenn im Dialog mit grafischen Darstellungen gearbeitet werden soll. Farbe ist
überflüssig, wenn die ursprünglich farbigen Grafiken z.B.
als schwarzweiße Fotokopien verteilt werden sollen. In diesem Fall muß Aussagefähigkeit der Darstellungen durch geeignete Schraffuren oder ähnliche Hilfen hergestellt werden.

Komplizierte Eingabemasken können durch Farben übersichtli-
cher gemacht werden, z.B. Eingabefelder grün, Fehlermeldungen rot etc. Bedingung ist, daß die Software das unterstützt. Viele Standardprogramme sind an der Minimalausrü-
stung orientiert und liefern nur die einfarbige Darstellung.

In anderen Situationen reichen einfarbige Bildschirme aus.
Sie sind sogar vorzuziehen, weil sie bei sonst gleichen
technischen Daten die Zeichen schärfer darstellen (Die verfügbaren Bildpunkte brauchen nicht auf die Farben verteilt
zu werden).

Es gibt keine einheitlichen Aussagen, welche Farben das Auge
am wenigsten belasten. Die Wahl kann daher dem Geschmack des
Anwenders überlassen werden. Gängige Farben beim CRT-Bildschirm sind dunkler Grund mit grünen oder bernsteinfarbigen
Zeichen, weißer Grund mit schwarzen Zeichen, beim LCD-Bild-
schirm: hellgrauer Grund mit dunkelgrauen Zeichen.

Ausgeben: Drucker

Drucker sind reine Ausgabegeräte, die gespeicherte oder
errechnete Daten mit sehr unterschiedlichen Techniken, Geschwindigkeiten und Qualitäten darstellen.

Techniken:

Zwei grundsätzlich verschiedene Techniken sind für Personal Computer verbreitet: feste Zeichen und aus Punkten zusammengesetzte Zeichen.

Typenraddrucker arbeiten mit festen Zeichen. Diese sind von Schreibmaschinen bekannt: Typenhebel, Kugelköpfe bzw. Typenräder. Bei Druckern werden feste Zeichen nur auf Typenrädern verwendet. Besondere Merkmale:

o die Schriftqualität ist sehr gut, unter anderem durch die Verwendbarkeit spezieller Farbbänder
o die Anzahl der Zeichen auf einem Typenrad ist auf ca. 100 begrenzt, durch Austauschen von Typenrädern können unterschiedliche Varianten der Zeichen eingesetzt werden,
o die verwendbaren Zeichen variieren in der Breite von 10 bis 15 Zeichen pro Zoll (10 bis 15 Pitch)
o die Druckgeschwindigkeit ist durch die mechanischen Bewegungen auf 15 bis 80 Zeichen pro Sekunde begrenzt. Zum Vergleich: manuell können bis zu 9 Zeichen pro Sekunde getippt werden.

Matrixdrucker arbeiten mit Zeichen, die aus Punkten zusammengesetzt sind. Sie entstehen mit Hilfe einer Punktmatrix, ähnlich wie auf dem Bildschirm. Matrixdrucker gibt es als Nadeldrucker (mit der Möglichkeit, Durchschriften zu drucken) und Tintenstrahldrucker (ohne Durchschriften, sehr leise). Besondere Merkmale der Matrixdrucker:

o die Schriftqualität ist weniger gut als bei Typenrädern, bedingt durch das Punktraster. Abhängig von der Anzahl der Punkte in der Matrix reicht die Schriftqualität von 7 Punkten pro Zeichen ("nur intern geeignet") bis 24 Punkten pro Zeichen ("für Korrespondenz geeignet")
o die Form der Zeichen kann ungewohnt sein, wenn z.B. bei g j p q y die Unterlängen fehlen (nach oben "gestaucht" werden)

o die Anzahl der Zeichen ist wesentlich größer als auf
   einem Typenrad; der Zeichenvorrat wird durch grafische
   Zeichen, technisch-wissenschaftliche und ggf. selbst
   programmierbare Zeichen ergänzt
o die verwendbaren Zeichen variieren in der Breite z.B. von
   4 Zeichen pro Zoll (sehr breit) bis 16 Zeichen pro Zoll
   (ganz schmal)
o die Druckgeschwindigkeit ist höher als bei Typenraddruk-
   kern, sie reicht von ca. 30 bis 70 Zeichen pro Sekunde
   (Korrespondenzqualität) bis ca. 200 Zeichen (geringe
   Qualität).

Spezielle Druckfunktionen

Wenn der Drucker für die Gestaltung von Druckvorlagen verwendet werden soll, sind spezielle Druckerfunktionen interessant:

Proportionalschrift erzeugt eine spezielle druckähnliche
Schrift, die z.B. dem schmalen Buchstaben "i" weniger Platz
gibt als dem breiten Buchstaben "W".

Fettschrift wird erzeugt, indem ein Zeichen mehrmals ange-
schlagen wird.

Vertikale und horizontale Bewegung in Einzelschritten, die
kleiner als Zeilen- und Buchstabenabstände sind.

Papierzuführung

Übliche Papierzuführungen sind:

Einzelblattzuführung: Standardausstattung der Typenraddruk-
ker, ähnliche Papierzuführung wie bei einer Schreibmaschine,
geeignet für einzelne Schriftstücke auf unbedrucktem Papier
oder Formularen. Im Gegensatz zu Traktor oder Schachtzuführung muß der Drucker bei umfangreichen Ausdrucken nach jedem
Blatt neu "gefüttert" werden.

Traktor für Z-gefaltetes Papier oder Papierrollen: Standardausstattung für Matrixdrucker, verarbeitet Endlospapier bei umfangreichen Druckausgaben. Wird auch als Zusatzausstattung bei Typenraddruckern eingesetzt, z.B. für Formularblätter auf einem Trägerpapier oder Endlospapier mit Mikroperforation.

Schachtzuführung: Zusatzausstattung für Typenraddrucker, um einzelne Blätter stapelweise zuzuführen, geeignet für Serienbriefe. Einzelschächte sind für ein Formular geeignet, z.B. Briefbogen, Doppelschächte sind für zwei unterschiedliche Formulare geeignet, z.B. Briefbogen erste und zweite Seite.

Papierdurchlassbreite

Übliche Durchlassbreiten sind für DIN A4 hoch oder DIN A4 quer geeignet.

Tastatur

Manche Typenraddrucker sind wahlweise mit oder ohne Tastatur ausgestattet, die Tastatur kann im gleichen Gehäuse mit dem Drucker sein oder getrennt (mit Kabelverbindung) sein.

Mit Tastatur kann der Drucker auch losgelöst vom Rechner als Schreibmaschine eingesetzt werden.

Druckerpuffer

Drucker können die Zeichen nur langsamer ausgeben als sie vom Rechner empfangen werden. Dann muß der Rechner warten, bis der Drucker alle Informationen verarbeitet hat. In dieser Zeit ist der Rechner für andere Aufgaben blockiert.

Viele Drucker verfügen serienmäßig über einen Druckerpuffer, der die Informationen des Rechners speichert und an den Drucker nach Bedarf abgibt. Die serienmäßigen Puffer haben die Größe von 1 bis 5 KB, das entspricht einer halben bis zwei normal beschriebenen Schreibmaschinenseiten.

Je größer der Druckerpuffer ist, desto größer ist die Entlastung für den Rechner und den Bediener. Als Zubehör werden größere Druckerpuffer angeboten.

Schnittstellen

Jeder Drucker muß mit dem Rechner über eine Schnittstelle verbunden werden. Schnittstellen für Drucker heißen "parallel" (z.B. Centronics) oder "seriell" (z.B. V.24 oder RS232). Wichtig für den Anwender ist, daß Drucker und Rechner über die gleiche Schnittstelle verfügen und daß sie mit einem richtig gepolten Kabel verbunden werden. Beim Betrieb des Druckers wird für den Anwender kein Unterschied zwischen der parallelen und der seriellen Schnittstelle erkennbar.

Drucker sollten so ausgewählt werden, daß eine vorhandene oder noch freie Schnittstelle des Rechners verwendet werden kann. Wenn die Wahl besteht: Centronics-Schnittstellen sind weiter verbreitet. (Centronics ist ein Hersteller, der durch die Verbreitung seiner Schnittstelle praktisch einen Standard geschaffen hat.)

Druckeranpassung

Gelegentlich gibt es Probleme mit dem Zeichensatz und Steuerzeichen. Auch wenn die Tastatur und der Rechner die Zeichen Ä, Ö, Ü und ß verarbeiten, kann es vorkommen, daß der Drucker sie nicht darstellen kann.

In diesem Fall muß der Drucker auf den deutschen Zeichensatz umgestellt werden,

o mit eingebauten Hardwareschaltern (Dip-Switch) oder
o mit zusätzlichen Programmen (Druckertreibern) betrieben werden, die die Informationen des Rechners für den Drukker übersetzen.

Wenn ein Drucker für nur einen Rechner arbeitet, ist die Lösung mit den Hardware-Schaltern vorzuziehen, das Einstellen des Druckers ist dann ein einmaliger Vorgang. Wenn ein Drucker abwechselnd für unterschiedliche Rechner arbeitet, ist die Lösung mit dem Druckertreiber vorzuziehen: der jeweilige Rechner steuert den Drucker per Programm, die Schalterumstellung wird vermieden.

4.1.3 Speichern

Massenspeicher

Zum Beispiel Taschenrechner und Fakturierung: Sie errechnen für
jede Rechnungsposition Menge mal Einzelpreis, danach addieren
Sie alle Positionen, auf die Summe schlagen Sie die Mehrwertsteuer auf, um zum Rechnungsbetrag zu kommen. Wenn Sie den
Taschenrechner ausschalten, ist das Ergebnis nicht mehr zu
lesen. Wenn Sie die nächste Rechnung schreiben, müssen Sie den
gleichen Rechenweg (= Programm) wiederholen, evtl. mit den
gleichen Preisen (= Daten).

Wenn Daten und Programme beim Ausschalten des Rechners nicht
vernichtet, sondern später wieder verwendet werden sollen,
müssen sie auf "Datenträgern"gespeichert werden. Überwiegend
werden diese magnetisierbaren Datenträger verwendet: Disketten,
Festplatten.

Massenspeicher dienen der Ein- und der Ausgabe: z.B. werden
Daten vom Massenspeicher in den Arbeitsspeicher des Rechners
eingelesen, dort verarbeitet und anschließend (evtl. verändert)
wieder auf den Massenspeicher zurückgeschrieben.

Der wesentliche Unterschied zwischen den Massenspeichern ist
die Speicherkapazität, daraus ergeben sich entsprechende Preis-
unterschiede. Für welchen Massenspeicher Sie sich entscheiden,
hängt wesentlich von Ihrem Mengengerüst ab.

Bei den Massenspeichern haben Sie weniger Wahlmöglichkeiten
zwischen unterschiedlichen Systemen, als z.B. bei Druckern. Die
Hardware und das Betriebssystem setzen gewisse Bedingungen, die
beachtet werden müssen.

Die technischen Daten der Massenspeicher sind z.B. für Disketten:

o einseitige (Single Side = SS) oder zweiseitige (Double Side
   = DS) Aufzeichnung
o einfache (Single Density = SD) oder doppelte (Double Density
   = DD) Aufzeichnungsdichte
o 35, 40 oder 80 Spuren pro Seite

Diese einzelnen Daten sind für die Entscheidung nicht wichtig,
sie schlagen sich in der Kapazität des Speichers nieder.

Als preiswertes Speichermedium gelten (Tonband-)Kassetten.
Kassetten sind für den professionellen Einsatz nicht geeignet,
weil sie zu langsam sind. Das ständige Suchen auf der ganzen
Länge des Bandes kann pro Vorgang in die Größenordnung von
Sekunden bis Minuten gehen.

Diskette

   Eine Diskette ist eine flexible Scheibe aus Kunststoff, die
   mit einer magnetisierbaren Oberfläche beschichtet ist. Zum
   Beschreiben und Lesen einer Diskette ist ein Laufwerk (=
   Diskettenstation oder Floppy Disk Drive) erforderlich, das
   einen Schreib-Lese-Kopf hat (ähnlich wie ein Kassettenrecorder). Ein Laufwerk kann nacheinander beliebig viele Disketten aufnehmen, dadurch ist die Speicherkapazität praktisch
   nicht begrenzt.

   Disketten gibt es in diesen Abmessungen: 8 Zoll, 5 1/4 Zoll,
   3 1/2 Zoll, 3 1/4 Zoll. Zur Zeit sind die sind die 5 1/4
   Zoll-Disketten am weitesten verbreitet, die kleineren For-
   mate gewinnen Marktanteile. Gleichzeitig nehmen die Speicherkapazitäten zu, z.B. von 128 KB (etwa 128.000 Zeichen)
   bis 1,2 MB (etwa 1.200.000 Zeichen) auf einer 5 1/4 Zoll-
   Diskette. Das reicht z.B. aus, um 500 bis 5000 Adressen zu
   speichern.

Üblich ist es, mit mindestens zwei Laufwerken zu arbeiten,
z.B. ein Laufwerk für Programme, das zweite für Daten. Zwei
Laufwerke ermöglichen auch das Kopieren von einer Diskette
zur anderen, wichtig für die Daten- und Programmsicherung.

Festplatte

Eine Festplatte arbeitet nach dem gleichen Magnetprinzip wie
die Diskette. Die Platte ist jedoch fest und staubdicht in
ein Gehäuse eingebaut, sie kann nicht gewechselt werden. Die
Gehäuseabmessungen der gängigen Diskettenlaufwerke und der
Gehäuse der Festplatten sind etwa gleich.

Die Speicherkapazitäten der Festplatten reichen von etwa 5
MB (etwa 5 Mio Zeichen) bis 50 MB (etwa 50 Mio Zeichen),
verbreitet sind 10-MB-Festplatten.

Üblich ist es, mit einer Festplatte und einem Disketten-
Laufwerk: Daten und Programme liegen dann auf der Festplatte, das Laufwerk wird benutzt, um Daten und Programme zu
sichern und bei Bedarf wieder zu laden.

Sonstige Massenspeicher

Streamer sind schnelle Kassettengeräte mit großer Kapazität.
Sie werden nicht für die normale Verarbeitung, sondern aus-
schließlich für die regelmäßige Datensicherung eingesetzt.
Streamer gewinnen zunehmend an Bedeutung.

Wechselplatten verbinden die Vorteile von Disketten (unbe-
grenzte Kapazität je Laufwerk) und Festplatten (große Kapazität je Datenträger). Sie sind noch wenig verbreitet und
teuer.

4.1.4 Verarbeiten

Arbeitsspeicher

Zum Beispiel Taschenrechner und Fakturierung: Sie wollen Menge mal Einzelpreis multiplizieren, um den Wert einer Rechnungsposition auszurechnen. Zunächst geben Sie die Menge ein, der Taschenrechner legt den Wert vorübergehend in den Arbeitsspeicher. Danach drücken Sie die Mal-Taste, der Taschenrechner weiß jetzt aus seinem Festwertspeicher, daß er mit der nächsten Eingabe multiplizieren muß. Anschließend geben Sie den Einzelpreis ein und drücken auf die Gleich-Taste, der Taschenrechner multipliziert die Menge im Arbeitsspeicher mit der letzten (Preis-)Eingabe und zeigt den Wert der Rechnungsposition an. Der Arbeitsspeicher ist geeignet, vorübergehend Werte festzuhalten und zu verändern. Nach dem Ausschalten ist der Inhalt des Arbeitsspeichers "vergessen". Der Festwertspeicher mit der Programmierung der Rechentasten bleibt erhalten, auch wenn der Rechner ausgeschaltet ist.

Ähnlich arbeitet der Computer, nur mit viel größeren Kapazitäten:

o Der Festwertspeicher kann nicht verändert werden, er heißt deswegen auch Nur-Lese-Speicher, englisch: Read-Only-Memory, abgekürzt ROM. Der Festwertspeicher enthält z.B. Teile des Betriebssystems und Programmiersprachen.

o Auf den Arbeitsspeicher kann gezielt zugegriffen werden (zum Beschreiben, Lesen und Löschen) werden, englisch: Random-Access-Memory, abgekürzt RAM . Der Arbeitsspeicher wird für die Anwender-Software und die Daten verwendet.

Die Maßeinheit: Im Speicher werden Buchstaben oder Zahlen gespeichert, also Zeichen. Der Platzbedarf für ein Zeichen ist ein Byte, 1024 Zeichen sind ein Kilobyte (abgekürzt: KB). 1024 KB sind ein Megabyte (abgekürzt: MB). Die Größe

des Arbeitsspeichers (RAM) wird allgemein als Maßstab für
die Rechnergröße genannt. Gängige Größen sind z.B. 64 KB,
128 KB, 256 KB, 512 KB. Je größer der Arbeitsspeicher ist,
desto größer können die Programme und die Datenmengen sein.
Je größer der Festwertspeicher ist, desto weniger Platz im
Arbeitsspeicher wird für das Betriebssystem belegt.

Grundsätzlich braucht der Arbeitsspeicher nicht größer zu
sein, als die Anwendersoftware verlangt. Mehr Platz kann
jedoch genutzt werden, um die Arbeit am Rechner zu beschleu-
nigen:

o als Druckerpuffer, dann ist der Rechner für neue Aufgaben
   frei, auch wenn der langsamere Drucker noch arbeitet,
o als "RAM-Disk" oder "Pseudofloppy", dann werden Daten von
   der Diskette in den Arbeitsspeicher gelegt, der Zugriff
   auf den Arbeitsspeicher ist schneller als der Zugriff auf
   Massenspeicher, weil keine mechanischen Bewegungen erforderlich sind.

Verarbeiten: Mikroprozessor und Bus

Der Mikroprozessor wird als das "Herz" des Rechners bezeichnet, er steuert alle Vorgänge der Eingabe, der Verarbeitung,
der Ausgabe und des Speicherns. Die Leistungsfähigkeit eines
Prozessors hängt ab von der Anzahl der Bits, mit denen er
arbeitet. Die Anzahl der Bits bestimmt die mögliche maximale
Größe des Arbeitsspeichers:

 8-Bit-Prozessoren verwalten bis   64 Kilobyte
16-Bit-Prozessoren verwalten bis 1024 Kilobyte = 1 Megabyte
32-Bit-Prozessoren verwalten bis 1024 Megabyte = 1 Gigabyte

Die Anzahl der Bits bestimmen auch die Arbeitsgeschwindig-
keit: Je mehr Informationen gleichzeitig verarbeitet werden
können, desto kürzer ist der gesamte Zeitbedarf.

Die am weitesten verbreiteten Prozessoren haben 8 und 16 Bits, die Tendenz geht zu 16- und 32-Bit-Prozessoren.

Von der Software hängt die Größe des Arbeitsspeichers ab, aus dessen Größe ergibt sich die Mindestgröße des Mikroprozessors.

Der Prozessor kann nur dann wirken, wenn er mit den Geräten verbunden ist. Dazu dient der Bus, der die "Verkabelung" des Prozessors mit den Geräten besorgt.

Die Leistungsfähigkeit des Busses wird ebenfalls durch die Anzahl seiner Bits bestimmt. Gängig sind 8 oder 16 Bits. Je mehr Bits ein Bus hat, desto mehr Daten können gleichzeitig transportiert werden, desto schneller ist die Verarbeitung. Moderne Mikroprozessoren arbeiten mit ebensoviel Bits wie der Bus.

Verarbeiten: Interfaces

Die Ein- und Ausgabeeinheiten des Rechners (z.B. Drucker, Bildschirm, Tastatur, Disketten) stellen die einzelnen Zeichen jeweils in eigener Form und Geschwindigkeit dar. Zur "Verständigung" zwischen einer Ein- oder Ausgabeeinheit und dem Prozessor andererseits sind "Übersetzer" und "Steuereinheiten" erforderlich, die als Interface oder Controller bezeichnet werden.

Interfaces müssen Sie haben (und bezahlen). Wahlmöglichkeiten haben Sie wenig, das Betriebssystem und die Peripheriegeräte bestimmen die Interfaces.

Verarbeiten: Steckkarten

Einige Anwender haben Sonderwünsche: z.B.

o eine Uhr soll eingebaut sein, die einen Kalender be-
  treibt,
o ein Anwendungsprogramm braucht mehr Arbeitsspeicher als
  in der Grundausstattung vorhanden ist,
o ein Programm braucht spezielle Farb-Grafikfunktionen
o ein zweiter Drucker soll betrieben werden
o ein Rechner soll mit anderen Rechnern zu einem Netz
  verbunden werden

Die meisten Rechner sind im Baukastensystem aufgebaut. Sie
können mit "Steckkarten" aufgerüstet werden. Das sind Plati-
nen mit Steckkontakten, die in "Erweiterungsplätze"
(= Steckplätze, Slots) ohne Löten oder ähnlichen Aufwand
gesteckt werden können. Die Steckkarten müssen nicht unbedingt vom gleichen Hersteller wie der Rechner kommen, Spe-
zialhersteller bieten z.T. Funktionen auf Steckkarten an,
die der Rechnerhersteller nicht im Programm hat.

Bei der Auswahl des Rechners ist zu beachten,

o daß überhaupt Steckkarten einsetzt werden können (einigen
  Rechnern fehlt diese Möglichkeit, z.B. kleinen tragbaren
  Rechnern)
o daß genügend Steckplätze vorhanden sind; es ist gut,
  zusätzlich zum anfänglich bekannten Bedarf noch einen
  oder zwei Plätze in Reserve zu haben,
o daß der Platz im Gehäuse des Rechners für Steckkarten mit
  den benötigten Abmessungen reicht (es gibt Karten mit
  unterschiedlichen Abmessungen, einige - z.B. transpor-
  table - Rechner stellen nur wenig Platz zur Verfügung, um
  das Gehäuse klein zu halten).

4.1.5 Hardware-Typen

Home-Computer

Ihr Einsatzzweck liegt im Heim- und Hobbybereich:

o preiswerte Grundgeräte für Einsteiger
o Computerspiele, Programmierung einfacher Aufgaben in
   BASIC
o keine zeit- oder mengenkritischen Anwendungen

Ihre Merkmale für professionellen Einsatz

o wenig professionelle Software
o relativ teure Ausbaufähigkeit der Hardware
o einfache Tastatur (überwiegend englisch)
o begrenzte Kapazität und Geschwindigkeit der Peripherie
o Hardware (z.B. Drucker) nicht für Dauerbelastung ausge-
   legt
o Fernseher mit 40 Zeichen statt 80-Zeichen-Monitor

Beurteilung:

Home-Computer sind nur begrenzt für den professionellen
Einsatz geeignet.

Personal Computer: Tischgeräte (= Desk Top)

Ihr Einsatzzweck liegt im professionellen Bereich:

o Geräte sind bereits in der Grundaustattung arbeitsfähig
o Standardsoftware für viele Zwecke und Branchen
o Programmierung komplexer Aufgaben möglich
o angemessene Ausbaufähigkeit der Hardware
o angemessene Leistungsfähigkeit der Hardware
o belastbare Hardware, speziell Tastatur und Drucker
o professioneller Bedienungskomfort, speziell Tastatur und
   Monitor
o viel Wahlmöglichkeiten bei den meisten Hardwarekomponenten

Beurteilung:

Tischgeräte sind die klassischen Personal Computer, für
professionellen Einsatz konzipiert und geeignet.

Personal Computer: tragbare Geräte (= Portables)

Ihr Einsatzzweck liegt im professionellen Bereich. Lei-
stungs- und Kostenmerkmale entsprechen den Tischgeräten. In
einem tragbaren Gehäuse werden z.B. untergebracht:

o frei bewegliche Tastatur
o Bildschirm
o Diskettenlaufwerke bzw. Festplatte
o Netzteil zur Stromversorgung

Vorteile:

o tragbares Gerät, z.B. im Unternehmen, nach Hause, auf
   Reisen
o platzsparend abzustellen, wenn es nicht dauernd gebraucht
   wird

Nachteile:

o kleinere Abmessungen des Bildschirms (z.B. 9 Zoll statt
   12 Zoll)
o Bildschirm nicht frei aufstellbar

Personal Computer: Handgeräte (= Hand Held)

Ihr Einsatzzweck liegt im professionellen Bereich. Lei-
stungs- und Kostenmerkmale entsprechen z.T. den Tischgeräten, häufig liegen sie darunter. Einige Handgeräte sind
speziell für Außendienstaufgaben geeignet:

o Software auf bestimmte Aufgaben begrenzt
o Abfragemöglichkeit: z.B. Preislisten, Tarife, Servicein-
   formationen
o Datenaustausch mit einem zentralen Rechner über Telefon

In einem tragbaren Gehäuse werden z.B. gemeinsam untergebracht:

o fest eingebaute Tastatur und Bildschirm
o Kassetten- oder Diskettenlaufwerke

Vorteile:

o klein, leicht, im Kundengespräch einsetzbar
o durch Akku unbhängig vom Stromnetz

Nachteile:

o Tastatur mit wenig oder keinen Funktionstasten
o Bildschirm mit geringerer Kapazität (z.B. 8 Zeilen zu je
   40 Zeichen)
o Bildschirm (mit LCD-Technik) schlechter lesbar
o lange Suchzeiten bei Kassettenbetrieb

Die wichtigsten Typen und Einsatzgebiete bei Computern sind:

```
======================================================================
!                   !Home-Computer!        Personal Computer      !
!                   !             !                 ! Tischgerät   !
!                   !             !     Handheld    !  Portable    !
!=====================================================================!
! Privat-Bereich    !Hobby, Spiel !                 !              !
!~~~~~~~~~~~~~~~~~~~~~~~~~~~~~~~~~~~~~~~~~~~~~~~~~~~~~~~~~~~~~~~~~~~~~~~~!
! Mittelständische! (Verwaltung)! (Verwaltung) ! Verwaltung      !
! Unternehmen     !             !        Spezialaufgaben          !
======================================================================
```

Computer aller Größenklassen arbeiten mit den Funktionen Ein-
und Ausgeben, Speichern, Verarbeiten. Die Geräte, die dafür
verwendet werden, sind ähnlich, ihre Leistungsfähigkeit hängt
von den jeweiligen Anforderungen ab, z.B.

o   vom Mengengerüst,
o   von der Verarbeitungsgeschwindigkeit,
o   von der mechanischen Belastbarkeit,
o   von den Gehäuseabmessungen,
o   vom Bedienungskomfort:

```
=================================================================
!                  ! Home-Computer!      Personal Computer      !
!                  !              !                ! Tischgerät  !
!                  !              !    Handheld    !  Portable   !
!================================================================!
! Eingeben         !   Tastatur   !    Tastatur    !   Tastatur  !
!                  !              !                ! Kontakt-BS  !
!                  !              !                !    Maus     !
!----------------------------------------------------------------!
! Ausgeben         !  Bildschirm  !   Bildschirm   !  Bildschirm !
!                  !   Drucker    !    Drucker     !   Drucker   !
!----------------------------------------------------------------!
! Speichern        !   Kassette   !    Kassette    !             !
!                  !   Diskette   !    Diskette    !   Diskette  !
!                  !              !                !  Festplatte !
!                  !              !                ! Wechselplatte !
!----------------------------------------------------------------!
! Verarbeiten      !Mikroprozessor! Mikroprozessor! Mikroprozessor!
!                  !Bus, Interface! Bus, Interface! Bus, Interface!
!                  !              !                !  Steckkarte !
=================================================================!
```

4.1.6 Kompatibilität = "Normung"

Zum Beispiel Tonbandkassetten:

Tonbandkassetten unterschiedlicher Hersteller können mit dem gleichen Recorder abgespielt werden. Oder: die Kassette eines Herstellers kann auf unterschiedlichen Recordern abgespielt werden, vom Walkman bis zur großen Stereoanlage.

Die Vielseitigkeit wird durch Normung erreicht, d.h. durch "Vereinbarungen" zwischen den Herstellern von Kassetten und Recordern. Vereinbart sind dabei z.B. Abmessungen, Bandgeschwindigkeiten. "Vereinbarung" kann die Anpassung anderer Anbieter an den Marktführer sein.

Die Folgen: Produktion großer Stückzahlen bei Recordern (Hardware) und Kassetten (Software). Durch günstige Kosten beim Produzenten sind günstige Preise für den Anwender möglich.

Übertragen auf die EDV sind diese Fragen zu beantworten:

o Kann ein bestimmtes Programm (Software) auf unterschiedlichen Rechnern laufen?
o Passen die Zusatzeinrichtungen (Hardware) verschiedener Rechner zusammen (z.B. Massenspeicher, Drucker, Steckkarten)?

Kompatibilität ist überflüssig,

o wenn ein Rechner für einen ganz bestimmten Zweck eingesetzt werden soll,
o wenn der Anwender bestimmte Leistungsmerkmale ausnutzen will, die nur von einer bestimmten Hardware bzw. Software erfüllt werden,
o wenn die Kosten eines Systems von untergeordneter Bedeutung sind.

Kompatibilität ist wichtig,

o wenn das EDV-System ausbaufähig sein soll: Ausnutzung aktu-
   eller Entwicklungen, Erfüllung steigender eigener Anforderungen,
o wenn die Vorteile der Angebote unterschiedlicher Hersteller
   genutzt werden sollen (Software und Hardware),
o wenn die Kosten eines Systems wichtig sind.

Praktische Formen der Kompatibilität:

Hardware-Kompatibilität (z.B. Apple II):

Ein Rechner ist so verbreitet (Marktführer), daß vielseitige
Zusatzgeräte von anderen Herstellern angeboten werden. Dadurch werden viele Spezialanwendungen möglich.

Software-Kompatibilität (z.B. CP/M):

Ein Betriebssystem ist so verbreitet, daß vielseitige Software von Softwarehäusern angeboten wird. Dadurch laufen
Programme für dieses Betriebssystem auf vielen Rechnern,
z.B. Textverarbeitung WORDSTAR.

Vollständige Kompatibilität (z.B. IBM):

Ein Rechner und ein Betriebssystem sind gemeinsam so verbreitet, daß zusätzliche Hardware und Software von fremden
Herstellern angeboten wird.

Erfahrungen:

o   Der   Appetit kommt beim Essen: Bei der Entscheidung für ein
    EDV-System können die betrieblichen Anforderungen nur soweit
    berücksichtigt werden,   wie die Phantasie der Anbieter   oder
    Entscheider   reicht.   Viele Anforderungen entstehen erst mit
    der   wachsenden Erfahrung und mit neueren   Ausbaumöglichkei-
    ten.

o   Die   spätere Ausbaufähigkeit des Systems wird leichter   und
    kostengünstiger,   wenn von Anfang an auf die   Kompatibilität
    geachtet wurde.

```
**********************************************************
*                                                        *
*  Planung ist unerläßlich - Kompatibilität ist sicherer.   *
*                                                        *
**********************************************************
```

4.1.7 Checkliste IBM-Kompatibilität

Zur Zeit haben die Personal Computer den größten Marktanteil, die IBM-kompatibel sind. Der große Marktanteil hat zur Folge, daß viele Softwareanbieter für diese Rechner Programme entwikkeln, um von dem großen Marktanteil zu profitieren. Daher soll hier die IBM-Kompatibilität etwas näher beschrieben werden. Es gibt viele Rechner, die teilweise kompatibel sind, z.B. zu 95 % oder 98 %. Die fehlenden 5 % oder 2 % der Kompatibilität können dazu führen, das gerade das für Sie geeignete Programm nicht läuft und daß der teilkompatible Rechner für Ihren Zweck nicht geeignet ist. Fragen Sie Ihren Anbieter, lassen Sie sich die Kompatibilität vertraglich bestätigen.

1. Prozessor-Kompatibilität: Das kompatible Gerät ist mit dem gleichen Mikroprozessor ausgerüstet wie das "Vorbild" (INTEL 8088) oder es verwendet "verträgliche" Prozessoren, das sind Weiterentwicklungen, die das gleiche können wie das Vorbild, darüberhinaus aber noch leistungsfähiger sind (INTEL 8086, Intel 80186). Die Prozessorkompatibilität ist Voraussetzung für alle anderen Stufen der Kompatibilität.

2. Disketten-Kompatibilität: Das kompatible Gerät kann Disketten im gleichen Format wie das Vorbild lesen und schreiben (5 1/4 Zoll, 8 oder 9 Sektoren, ein- oder doppelseitige Aufzeichnung). Folge: Programme und Daten können ausgetauscht werden.

3. Betriebssystem-Kompatibilität: Das kompatible Gerät arbeitet mit den gleichen Betriebssystemen wie das Vorbild. (Das Betriebssystem PC-DOS des IBM PC hat die gleichen Funktionen wie das MS-DOS der kompatiblen Rechner. Zusätzlich ist das Betriebssystem CP/M-86 verfügbar). Folge: Die Anwendersoftware für das jeweilige Betriebssystem läuft auf den Rechnern mit diesem Betriebssystem.

4. Bauteile-Kompatibilität: Als Zusatzausstattung zum Grundgerät gibt es Steckkarten für weitere Funktionen, (z.B. Speichererweiterung, Uhr, Schnittstellen, Farbgrafik), die in
   Steckplätze (= Slots) gesteckt werden. Karten für das Vorbild müssen auch von den kompatiblen Rechnern verwendet
   werden können. Folge: die Kompatiblen können ebenso wie das
   Vorbild aufgerüstet werden. Hinweis: einige kompatible Rechner enthalten schon in ihrer Grundausstattung Funktionen,
   die beim Vorbild zusätzlich gekauft werden müssen, z.B.
   Speichererweiterung.

5. Tastatur- und Zeichensatz-Kompatibilität: Der Zeichensatz
   des Vorbilds enthält zusätzliche Zeichen und Funktionstasten
   (im Vergleich zu anderen Rechnern). Kompatible Rechner müssen die gleichen Zeichen darstellen können und mindestens
   ebensoviele Funktionstasten haben, in ähnlicher oder besse-
   rer Anordnung. Folge: Ein- und Ausgaben fordern keine Soft-
   ware-Umstellung für die Bedienung.

6. Bildschirm-Kompatibilität: Zum schnellen Aufbau des Bild-
   schirminhalts wird ein spezieller Bildschirmspeicher benötigt. Die Benutzung dieses Speichers muß beim Vorbild und
   beim kompatiblen Rechner übereinstimmen. Folge: Vorbild und
   kompatible Rechner arbeiten mit gleicher Geschwindigkeit.

7. System-Kompatibilität: Bestimmte Teile der Software sind
   fest im System (ROM) enthalten. Diese Teile müssen beim
   kompatiblen Rechner die gleichen Verhaltensweisen zeigen wie
   das Vorbild. Folge: Soft- und Hardwarefunktionen können ohne
   Einschränkung benutzt werden.

4.1.8 Kostenmerkmale

Anschaffungskosten

Die Anschaffungskosten ergeben sich aus der Addition der Preise
für die einzelnen Komponenten, die Sie benötigen.

Wenn Ihnen mehrere Angebote vorliegen, achten Sie darauf, daß
die Angebote vom Leistungsumfang her auch tatsächlich vergleichbar sind. Lassen Sie sich nicht von den Preisen des
Grundgeräts beeinflussen. Häufig sind die Grundgeräte nicht
gleich ausgestattet. Beispielsweise haben "kompatible" Rechner
oft einen größeren Arbeitsspeicher in der Grundausstattung, der
bei den Marktführern gegen Aufpreis nachgerüstet werden muß.
Oder kompatible Rechner sind mit zwei Laufwerken ausgestattet,
während das Marktführergerät nur ein Laufwerk im Grundpreis
hat. Oder der Marktführer muß mit einer Grafikkarte aufgerüstet
werden, die beim Kompatiblen standardmäßig vorhanden ist. Achten Sie auf die Formulierungen "serienmäßig" (= im Preis enthalten) und "optional" (= gegen Aufpreis nachrüstbar).

Wenn Sie sich mündlich nach Preisen erkundigen, achten Sie auf
die Mehrwertsteuer. Es ist durchaus nicht einheitlich, ob ein
Händler Preise einschließlich oder zuzüglich Mehrwertsteuer
nennt. Der gleiche Händler verkauft an Privatkunden (z.B.
Homecomputer) einschließlich MWST und an Unternehmen (z.B.
Personal Computer) zuzüglich MWST. Mancher nennt den Preis für
das Grundgerät ohne MWST, das Zubehör mit MWST.

Einige Hardware-Angebote sind so kalkuliert, daß bestimmte
Programme "zwangsläufig" mitgeliefert werden. Wenn diese Software für Sie geeignet ist (mit Pflichtenheft vergleichen!),
kann diese Koppelung für Sie sehr kostengünstig sein. Wenn Sie
nicht geeignet ist, zahlen Sie einen höheren Preis, ohne daß
Sie davon einen Nutzen haben.

Folgekosten

Bei der Lieferung können Folgekosten entstehen: Transportko-
sten, Aufstellkosten. Fragen Sie ausdrücklich danach. Die
Transport- und Aufstellkosten hängen wahrscheinlich vom Händler
ab, nicht vom Hersteller.

Wartung, Reparatur und Versicherung sind bei allen Rechnern zu
erwarten. Richtwerte kann Ihnen wahrscheinlich Ihr Anbieter
nennen.

Verbrauchsmaterial (z.B. Druckerpapier, Disketten) ist kein
wesentliches Kostenmerkmal. Auch ohne Rechner haben Sie in der
Verwaltung Materialkosten. Ob Büromöbel erforderlich sind,
hängt nicht vom Rechner, sondern von Ihrer derzeitigen Ausstattung ab.

4.2 Zwischenergebnis 4:

4.2.1 Rückblick

Bis zum Zwischenergebnis 3 konnten Sie Ihren Rationalisierungsbedarf, die Software-Pflichtenhefte und die Anforderungen
der Software an die Hardware erarbeiten. Im letzten Kapitel
ging es darum, welche Hardwarekomponenten es gibt und was die
Alternativangebote für die Anwendungspraxis bedeuten.

Auch hier gilt, was schon für die Software-Angebote gesagt
wurde. Lassen Sie sich die Unterschiede der Hardware-Komponen-
ten demonstrieren, damit Sie beurteilen können,

o   welche Tastatur Ihnen zusagt,
o   welche anderen Eingabemöglichkeiten Sie einsetzen,
o   wie be- oder entlastend die unterschiedlichen Bildschirme
    sind,
o   ob Sie einen schnellen Matrixdrucker oder einen Typenrad-
    drukker für Schönschrift einsetzen,
o   welchen Massenspeicher Sie für Ihr Datenvolumen oder Ihren
    Komfort benötigen,
o   wie groß der Arbeitsspeicher sein soll,
o   ob Sie die Grundausstattung um Steckkarten mit besonderen
    Funktionen erweitern müssen,
o   welcher Hardware-Typ für Sie praktisch ist,
o   wie wichtig für Sie die unterschiedlichen Formen der Kompa-
    tibilität sind.

Während die Software-Auswahl eine sehr intensive und folgenrei-
che Denkaufgabe ist, handelt es sich bei der Hardware-Auswahl
eher um eine Fleißaufgabe, die im "Abhaken" verschiedener
Möglichkeiten besteht. Natürlich sollten Sie auch hier eng mit
Ihren betroffenen Mitarbeitern zusammen entscheiden. Das De-
sign, die Farbe des Bildschirms und ähnliche "Äußerlichkeiten"
sind zwar für den Inhalt der Computerarbeit nicht maßgeblich,
aber für das Wohlbefinden derer, die damit arbeiten sollen, und
damit indirekt entscheidend für Ihren Erfolg.

4.2.2 Organisatorische Anforderungen an die Hardware

Typ:

Home-Computer / Handheld / Tischgerät / Portable

Kompatibilität:

Mikroprozessor   8 Bit / 16 Bit / 32 Bit

Bus   8 Bit / 16 Bit / 32 Bit

Hardware-Kompatibilität zu APPLE II   JA / NEIN

Software-Kompatibilität zu CP/M   JA / NEIN

Hard- und Software-Kompatibilität zu IBM   JA / NEIN

___________ Kompatibilität zu ______________   JA / NEIN

Ausbaufähigkeit:

Erweiterung um Druckerpuffer, RAM-Disk .... KB

Der Rechner soll folgende zusätzliche Funktionen erfüllen,
evtl. durch die Erweiterung um Steckkarten:

Anmerkung:
Diese Seite finden Sie nochmals als heraustrennbares
Arbeitsblatt als Anhang am Ende des Buches zu Ihrer
persönlichen Unterstützung beim Computerkauf.

Drucker:

Typenrad   JA / NEIN

Matrix   Qualität: normal / mittel / hoch

Spezielle Funktionen   proportional / fett / ....

Papierzuführung: Einzelblatt / Traktor / Schacht

Papierdurchlassbreite   DIN A4   hoch / quer

zusätzliche Tastatur   JA / NEIN

Schnittstelle   seriell / parallel

Druckeranpassung   Hardware / Software

Tastatur:

Deutsche Schreibmaschinentastatur   JA / NEIN

Programmierbare Funktionstasten   JA / NEIN

Ziffernblock   JA / NEIN

Cursorblock   JA / NEIN

frei aufstellbar   JA / NEIN

fühl- und hörbare Bestätigung   JA / NEIN

Anmerkung:
Diese Seite finden Sie nochmals als heraustrennbares
Arbeitsblatt als Anhang am Ende des Buches zu Ihrer
persönlichen Unterstützung beim Computerkauf.

Andere Eingaben:

Maus   JA / NEIN

Kontakt-Bildschirm   JA / NEIN

Bildschirm:

frei und beweglich aufstellbar   JA / NEIN

Abmessungen   9 / 12 Zoll

24 oder 25 Zeilen zu je 80 Zeichen   JA / NEIN

Auflösung   normal / mittel / hoch

Farbe   JA / NEIN

Deutsche Handbücher:

Unbedingt erforderlich   JA / NEIN

Anmerkung:
Diese Seite finden Sie nochmals als heraustrennbares
Arbeitsblatt als Anhang am Ende des Buches zu Ihrer
persönlichen Unterstützung beim Computerkauf.

4.2.3 Hardware-Anfragen

Nach der Runde der Software-Anfragen haben Sie die Anforderungen der Software an die Hardware erarbeitet: Zwischenergebnis 3.

Diesen Bedarf haben Sie um die organisatorischen Anforderungen
an die Hardware ergänzt: Zwischenergebnis 4.

Kopieren Sie diese Unterlagen für Ihre Anfragen:

  o Zwischenergebnis 3
  o Zwischenergebnis 4

Sie haben inzwischen einen oder mehrere Anbieter kennengelernt
und haben schon einen Eindruck, ob Sie mit ihm (mit ihnen)
arbeiten können.

Nennen Sie Ihre Software-Auswahl und Ihre Hardware-Anforderun-
gen in Form der Zwischenergebnisse 3 und 4. Lassen Sie diese
Kopien beim Anbieter, damit das Angebot ganz gezielt auf Ihre
Situation paßt.

Machen Sie deutlich, daß die Anforderungen der Software von der
Hardware erfüllt werden müssen, daß Sie aber bei den organisatorischen Anforderungen bereit sind, Zugeständnisse in gewissen
Grenzen zu machen. (Erfüllbar sind Ihre Bedingungen bestimmt,
jedoch können manche Anforderungskombinationen den Realisie-
rungsaufwand sehr groß machen!)

Behalten Sie auch hier wieder Ihre Originalunterlagen für die
Prüfung der Angebote bzw. für vielleicht erforderliche weitere
Anfragen.

Wenn die Angebote vorliegen, stellen Sie zunächst die Kosten
zusammen, dann beurteilen Sie den Nutzwert der Angebote für
Ihre Anforderungen.

4.3 Hardware-Entscheidung

4.3.1 Kosten-Zusammenstellung

```
                  ----------- Preise ohne MWST ---------------
==================================================================
!            Anbieter !               !               !         !
!            Modell   !               !               !         !
!                     !               !               !         !
! Hardware            !               !               !         !
!=================================================================!
! Grundausstattung !                  !               !         !
!-----------------------------------------------------------------!
! Bildschirm          !               !               !         !
!-----------------------------------------------------------------!
! Drucker 1           !               !               !         !
!-----------------------------------------------------------------!
! Drucker 2           !               !               !         !
!-----------------------------------------------------------------!
! Disk-laufwerk 1  !                  !               !         !
!-----------------------------------------------------------------!
! Disk-laufwerk 2  !                  !               !         !
!-----------------------------------------------------------------!
! Festplatte          !               !               !         !
!-----------------------------------------------------------------!
! Speichererweit.  !                  !               !         !
!-----------------------------------------------------------------!
! Druckerpuffer       !               !               !         !
!-----------------------------------------------------------------!
! RAM-Disk            !               !               !         !
!-----------------------------------------------------------------!
! Kabel               !               !               !         !
!-----------------------------------------------------------------!
! Verbrauchsmater. !                  !               !         !
!-----------------------------------------------------------------!
! Übertrag            !               !               !         !
==================================================================
```

Anmerkung:

Diese Seite finden Sie nochmals als heraustrennbares
Arbeitsblatt als Anhang am Ende des Buches zu Ihrer
persönlichen Unterstützung beim Computerkauf.

```
------------ Preise ohne MWST ------------------
=================================================================
!          Anbieter !              !              !             !
!          Modell   !              !              !             !
!                   !              !              !             !
! Hardware          !              !              !             !
!===============================================================!
! Übertrag          !              !              !             !
!---------------------------------------------------------------!
!                   !              !              !             !
!---------------------------------------------------------------!
!                   !              !              !             !
!---------------------------------------------------------------!
!                   !              !              !             !
!---------------------------------------------------------------!
!                   !              !              !             !
!---------------------------------------------------------------!
!                   !              !              !             !
!===============================================================!
! Gesamt            !              !              !             !
=================================================================
```

Anmerkung:

Diese Seite finden Sie nochmals als heraustrennbares
Arbeitsblatt als Anhang am Ende des Buches zu Ihrer
persönlichen Unterstützung beim Computerkauf.

4.3.2 Nutzwert-Analyse Hardware

Entscheidungs-Vorbereitung

Wenn passend zur ausgewählten Software mehrere Hardware-Angebote vorliegen, muß das geeignete ausgewählt werden.

Diese Entscheidung darf nicht für einzelne Arbeitsgebiete getroffen werden, sondern für die Gesamtheit aller Programme.

Für die Entscheidung werden die Beurteilungsmerkmale herangezogen, die oben erläutert wurden: Jedes Angebot wird überprüft,
wie weit es den Beurteilungsmerkmalen entspricht.

In mehreren Fachzeitschriften werden regelmäßig Hardware-
Testberichte veröffentlicht. Diese Testberichte sind zwangsläufig allgemein gehalten, d.h. nicht auf Ihre Situation zuge-
schnitten. Beschrieben wird meistens eine Standardzusammenstel-
lung von Geräten, die nicht unbedingt mit Ihrem Bedarf übereinstimmen muß.

Lesen Sie solche Testberichte, Sie können daraus nur lernen.
Oft enthalten die Testberichte neben der konkreten Beschreibung
Hintergrundinformationen zum Gerät, zum Hersteller, zu ver-
gleichbaren Geräten.

Lassen Sie sich nicht zu sehr von technischen Leistungsdaten
beeinflussen. Viel wichtiger als die technischen Daten sind das
Betriebssystem und die dafür verfügbaren Anwenderprogramme.

1. Stufe: KO-Kriterien

   Wenn bei der ersten Durchsicht erkannt wird, daß ein Hardware-Angebot einzelne wichtige Anforderungen überhaupt nicht
   erfüllt, kann es von den weiteren Überlegungen ausgeschlossen werden.

Beispiele:

Das ausgewählte Betriebssystem läuft nicht.
Eine wesentliche Hardware-Komponente ist nicht lieferbar.
Die geforderten Mindestleistungsdaten werden nicht erreicht.
Die für später geplante Systemerweiterung ist begrenzt.
Das Angebot liegt weit außerhalb des Kostenrahmens der anderen.

2. Stufe: Kriterien-Gruppen

Kriterienkatalog: Zunächst sind die Kriterien-Gruppen festzulegen, ihr Gewicht (ihre prozentuale Bedeutung im Verhältnis untereinander) ist festzulegen.

Beispiel:

```
Systemmerkmale               30 Prozent
Bedienungsmerkmale           50 Prozent
Kostenmerkmale               20 Prozent
--------------------------------------------
Gesamtnutzen                100 Prozent
============================================
```

3. Stufe: Einzelkriterien

Jede Kriteriengruppe ist so in Einzelkriterien aufzulösen, wie es den Anforderungen an die Hardware entspricht. Jedem Kriterium werden nach seiner Bedeutung die anteiligen Punkte aus dieser Kriteriengruppe zugeordnet.

Beispiel:

Kriterien-Gruppe:

Bedienungsmerkmale   50 Prozent

Einzelkriterien nach den organisatorischen Anforderungen:

o Tastatur   20 Prozent
o Andere Eingaben   5 Prozent
o Bildschirm   15 Prozent
o deutsche Handbücher   10 Prozent

4. Stufe: Zielerfüllung

Die unterschiedlichen Angebote sind nun mit Hilfe der Einzelkriterien zu bewerten. Die Bewertung erfolgt mit einer
Punkteskala von 0 bis 4, je besser das Angebot ein Einzelkriterium erfüllt, desto mehr Punkte erhält das Angebot.

Bedeutung der Punkte:

```
=============================================
!Zieler-! Das Angebot bringt uns in Bezug !
!füllung! auf dieses Einzelkriterium       !
!------------------------------------------!
!   0    ! keinen Nutzen                    !
!   1    ! nur geringen Nutzen              !
!   2    ! durchschnittlichen Nutzen        !
!   3    ! einen guten Nutzen               !
!   4    ! den größtmöglichen Nutzen        !
=============================================
```

5. Stufe: Nutzwert

Jedes Hardware-Angebot enthält soviel Einzelbewertungen wie
es Einzelkriterien gibt. Jedes Einzelkriterium ist nun mit
der Einzelbewertung des Software-Angebots zu multiplizieren,
um den Einzelnutzen zu errechnen. Anschließend kann der
Gesamtnutzen des Hardware-Angebots durch die Addition der
Einzelnutzen des Angebots errechnet werden.

Beim Vergleich der Angebote ist das Angebot am besten geeignet, das den höchsten Gesamtnutzen hat.

4.3.3 Beispiel zur Nutzwertanalyse Hardware

```
=================================================================
!                          !Gewicht!   Angebot 1  !   Angebot 2  !
!                          !  in   !Zieler-! Nutz-!Zieler-! Nutz-!
!                          !Prozent!füllung! wert !füllung! wert !
!------------------------------------------------------------------!
!Systemmerkmale            ! (30)  !  --   !  --  !  --   !  --  !
!                          !       !       !      !       !      !
! o Hardware-Typ           !   6   !   4   !  24  !   4   !  24  !
! o Kompatibilität         !   8   !   4   !  32  !   3   !  24  !
! o Ausbaufähigkeit        !   6   !   2   !  12  !   4   !  24  !
! o Drucker                !  10   !   3   !  30  !   4   !  40  !
!------------------------------------------------------------------!
!Bedienungsmerkmale        ! (50)  !  --   !  --  !  --   !  --  !
!                          !       !       !      !       !      !
! o Tastatur               !  20   !   4   !  80  !   4   !  80  !
! o Andere Eingaben        !   5   !   3   !  15  !   2   !  10  !
! o Bildschirm             !  15   !   3   !  45  !   4   !  60  !
! o deutsche Handbücher    !  10   !   2   !  20  !   4   !  40  !
!------------------------------------------------------------------!
!Kostenmerkmale            ! (20)  !  --   !  --  !  --   !  --  !
!                          !       !       !      !       !      !
! o Anschaffungskosten     !  15   !   2   !  30  !   3   !  45  !
! o Folgekosten            !   5   !   4   !  20  !   4   !  20  !
!------------------------------------------------------------------!
!Gesamtnutzen              ! 100   !  --   ! 308  !  --   ! 367  !
=================================================================
```

In diesem Beispiel ist das Angebot 2 mit einem Nutzwert 367
Punkten dem Angebot 1 mit nur 308 Punkten vorzuziehen.

4.3.4 Nutzwertanalyse Hardware

	Gewicht in Prozent	Zieler- füllung	Nutz- wert	Zieler- füllung	Nutz- wert
Systemmerkmale	( )	--	--	--	--
o Hardware-Typ					
o Kompatibilität					
o Ausbaufähigkeit					
o Drucker					
Bedienungsmerkmale	( )	--	--	--	--
o Tastatur					
o Andere Eingaben					
o Bildschirm					
o deutsche Handbücher					
Kostenmerkmale	( )	--	--	--	--
o Anschaffungskosten					
o Folgekosten					
Gesamtnutzen	100	--		--	

Anmerkung:

Diese Seite finden Sie nochmals als heraustrennbares
Arbeitsblatt als Anhang am Ende des Buches zu Ihrer
persönlichen Unterstützung beim Computerkauf.

5 Partner

Software und Hardware sind die Voraussetzungen, ohne die eine
EDV-unterstützte Organisation nicht möglich ist. Solange Sie
Erstanwender sind, muß zusätzlich eine dritte Bedingung erfüllt
sein: Sie brauchen qualifizierte und zuverlässige Partner. Sie
brauchen z.B. Partner

o   für die Informationssammlung: wissen Sie schon, bei wem Sie
    sich worüber informieren können?

o   für den Entscheidungsprozeß: kennen Sie die wichtigen Merk-
    male, die für Analyse und Konzeption beachtet werden müssen?

o   für die Finanzierung: wissen Sie, ob in Ihrer Situation Kauf
    oder Leasing besser geeignet ist?

o   für die Einführung: wissen Sie, wie das System aufgestellt
    wird, wie Sie Ihre Daten erfassen, wie Sie die betriebliche
    Organisation umstellen, wie Ihre Mitarbeiter in die Bedie-
    nung eingewiesen werden, wie Sie sich bei System- oder Be-
    dienungsfehlern verhalten, wer Ihnen über die Anlaufschwie-
    rigkeiten hinweg hilft?

o   für die Sicherung des Betriebs: wissen Sie, wie Sie durch
    geeignete Wartung von Hardware und Software Fehler vermei-
    den?

o   für die Sicherung der Organisation: wissen Sie, wie Sie Ihre
    Mitarbeiter motivieren?

5.1 Informationsbeschaffung

Nehmen Sie sich Zeit für die Informationssammlung und den Entscheidungsprozeß. Sie sollten mindestens ein halbes Jahr für
diese Phase einplanen und in dieser Zeit möglichst viele Gespräche mit Anbietern und Anwendern suchen.

Messen sind geeignet, um viele Informationen in kurzer Zeit zu
sammeln. Bei überregionalen Messen finden Sie überwiegend ein
großes Informationsangebot der Hersteller. Bei regionalen Messen ist das Informationsangebot kleiner, Sie haben mehr Gelegenheit, mit regionalen oder lokalen Händlern ins Gespräch zu
kommen. Kleine Messen mit "Heim" oder "Hobby" im Namen sind oft
Tummelplatz für junge Computer-"Spieler", die wenig Ruhe für
ernsthafte Gespräche lassen.

So können Sie Messebesuche vorbereiten:

1. Messekatalog besorgen (ca. zwei Wochen vor den Messen bei
   IHK, Handwerkskammer)

2. Software- und Hardwareanbieter auswählen, die für Ihre Auf-
   gabenstellung Lösungen anbieten

3. Standnummern in einer Liste zusammenstellen

4. Fragenkatalog aufstellen und gezielt abfragen, z.B.

   o Existieren deutsche Programme und Handbücher?
   o Wie oft ist das Programm eingesetzt?
   o Welche Referenzen gibt es?
   o Wie ist die Programmwartung sichergestellt?
   o Wo ist der nächste Ansprechpartner?
   o Welche Software läuft auf der Hardware?
   o Kommen Hard- und Software vom gleichen Anbieter?
   o Wie sind die Lieferfristen?
   o Welche Gewährleistung für Software / Hardware gibt es?
   o Was kostet die Software / Hardware?

5. Hardware und Software vorführen lassen

Alle Messen können den Erstanwender durch die Informations-
flut verwirren. Nicht alles, was als neu angepriesen wird,
ist wirklich neu. Manche Neuheiten gehen unter. Nicht alles,
was als neu oder gut bezeichnet wird, ist für Sie geeignet.

Notieren Sie alle wichtigen Informationen, während der Gespräche oder nach den Gesprächen, auf den Prospekten oder
mit dem Diktiergerät. Nehmen Sie interessantes Informationsmaterial gleich mit, in der Messehektik gehen Visiten-
karten oder individuelle Fragen leicht verloren.

6. Keine Entscheidungen in der Messehektik

Sie sollten Entscheidungen auf einen Zeitpunkt nach der
Messe verschieben, damit Sie genügend Zeit haben, Ihre Ein-
drücke zu ordnen.

5.2 Ausreden und Hintergründe zur Software

Wenn Sie als Interessent zu einem Fachhändler kommen, egal ob
in sein Ladengeschäft oder zu seinem Messestand, wird er versu-
chen, Ihnen seine Produkte zu verkaufen. Das ist sein gutes
Recht. Er muß verkaufen, besonders in einer Situation harten
Wettbewerbs. Diese Interessenlage muß Ihnen bewußt sein, damit
Sie seine Aussagen richtig einschätzen können.

In der folgenden Liste sind einige Aussagen zusammengestellt,
die Sie häufig hören können und die Sie nachdenklich machen
sollten. Jede der Aussagen ist um eine Vermutung ergänzt, was
wirklich hinter der Aussage stehen kann.

Aussage   : Der Verkäufer, der das Programm kennt, ist gerade
            abgereist / kommt in den nächsten Tagen.
Vermutung: Der Anbieter ist so klein, daß er nur einen Spezia-
            listen hat (der selten greifbar ist) oder die Soft-
            ware ist gekauft und kann nicht richtig betreut
            werden.

Aussage   : Die Anwendungsprogramme können vom Anwender leicht
            selbst erstellt werden, z.B. in der einfachen Spra-
            che BASIC.
Vermutung: Es existieren keine Programme, Sie müssen alle Pro-
            gramme selbst schreiben. Vorsicht!

Aussage   : Wir bieten keine Standardprogramme an, sondern ent-
            wickeln nach Ihren Wünschen.
Vermutung: Es existieren keine Programme. Sie haben unter Um-
            ständen keine Kalkulationsgrundlage.

Aussage   : Das Programm ist so neu, daß wir das Benutzerhand-
            buch erst in Kürze liefern können.
Vermutung: Das Programm ist nicht ausgetestet, evtl. ist die
            Programmierung noch nicht abgeschlossen.

Aussage   : Wir führen die beste Software aus USA, hatten jedoch
            noch keine Zeit uns einzuarbeiten.
Vermutung: Der Anbieter hat kein qualifiziertes Personal, die
            Programe existieren nur auf dem Papier oder als
            Demo-Version.

Aussage   : Unsere Programme sind so gut, daß dafür keinerlei
            Schulung erforderlich ist.
Vermutung: Der Anbieter hat keine eigenen Ausbilder, ohne Aus-
            bildung brauchen Ihre Mitarbeiter wahrscheinlich
            viel Einarbeitungszeit.

Aussage   : Die genauen Unterlagen und Prospekte über den Compu-
            ter schicken wir Ihnen in Kürze zu.
Vermutung: Die Verkäufer wollen die Nachfrage testen, das Pro-
            dukt ist evtl. nur ein Prototyp.

Aussage   : Unsere Programme werden ausschließlich von erfahre-
            nen Praktikern entwickelt.
Vermutung: Die Software ist oft teurer als Standard-Software,
            wenn die Programme von einem Anwender individuell
            entwickelt wurden (der die hohen Entwicklungskosten
            durch Verkauf wieder hereinholen will).

Aussage   : Unsere Standardprogramme können Sie leicht an Ihren
            jeweiligen Betriebsablauf anpassen.
Vermutung: Sie haben selbst den Aufwand und die Verantwortung
            für die Anpassung.

Wenn Sie solche Aussagen hören, muß das nicht heißen, daß Ihr
Anbieter unseriös ist. Die genannten Vermutungen müssen nicht
richtig sein! Sie sollten für Sie aber Anlaß sein,

o sich möglichst viel zusätzliche Informationen über die angebotenen Produkte zu beschaffen,
o einen neutralen Berater einzuschalten,
o sich vertraglich abzusichern, wenn die Produkte weiterhin
   für Sie interessant sind.

5.3 Alles aus einer Hand

Ein Beispiel: ein Anwender kauft den Rechner des Herstellers A
bei einem Händler und den Drucker des Herstellers B bei einem
anderen Händler. Nach den technischen Daten und der Schnitt-
stellenbeschreibung müssten Rechner und Drucker zusammen passen. Beim Arbeiten stellt er fest, daß fast alles funktioniert.
Nur als er bei "Mller in Kln Gerte und Zubehr fr Swaren"
bestellen will, erkennt er, daß der Drucker den deutschen
Zeichensatz nicht versteht: "Müller in Köln Geräte und Zubehör
für Süßwaren". Der Lieferant des Rechners verweist den Anwender
an den Lieferanten des Druckers und umgekehrt.

Solange Sie nicht ausreichend Erfahrungen mit Hard- und Software haben, sollten Sie die fachliche Unterstützung Ihres Händ-
lers in Anspruch nehmen. Wenn Sie alles bei ihm kaufen, hat er
(unabhängig von vertraglichen Vereinbarungen) ein Interesse,
Ihr Problem zu lösen.

Hersteller-Image

Ein anderes Beispiel: ein Anwender kauft einen "kompatiblen"
Rechner eines unbekannten Herstellers. Nach einiger Zeit spielt
die Tastatur nicht mehr mit, statt "d" zeigt der Bildschirm
"ddd", d.h. die Tastatur "prellt", ein eingebenes Zeichen wird
mehrfach wiedergegeben. Eine Reparatur beim Händler schafft für
ein halbes Jahr Abhilfe, danach prellt die Tastatur erneut. Der
Hersteller kann keine neue Tastatur liefern, weil er nicht mehr
existiert. Andere Tastaturen passen nicht, weil der Rechner
doch nicht voll hardwarekompatibel ist.

Bei einem großen Hersteller wäre das Ersatzteilrisiko geringer
gewesen oder hätte gar nicht existiert. Produkte renommierter
Hersteller müssen nicht besser sein, aber sie bieten wahr-
scheinlich mehr Sicherheit. Fragen Sie Ihren Händler nach den
Marktanteilen des Herstellers, oder beobachten Sie, welche
Marktzahlen oder "Hitlisten" die EDV-Fachpresse veröffentlicht.

Ein anderes Beispiel: ein Software-System wird ausgewählt und mit Erfolg eingesetzt. Nach einigen Monaten wird der Verkauf umorganisiert: die Auftragsabwicklung soll so erweitert werden, daß eine Vertreterabrechnung möglich wird, obwohl das Programm "Auftragsabwicklung" diese Funktion nicht enthält.

Das Softwarehaus, das das Programm geliefert hat, nennt ein fremdes System, mit dem die Vertreterabrechnung möglich ist, ohne daß das ursprünglich gekaufte Programm ausgetauscht werden muß, ohne daß die Daten neu erfaßt werden müssen, ohne daß eine vollständig neue Einarbeitung erforderlich wird. Ein Anbieter mit weniger Überblick hätte vielleicht eine aufwendigere oder gar keine Lösung anbieten können.

5.3.1 Systemanbieter

Viele Erstanwender eines EDV-Systems unterschätzen den Aufwand
für die erfolgreiche Einführung des ausgewählten Systems, weil
sie z.B. der Werbung glauben, daß alle Probleme "mit Knopf-
druck" gelöst werden. Probleme entstehen z.B. so:

o Die Mitarbeiter, die mit dem System arbeiten sollen, sind an
   die bisherigen Abläufe gewöhnt. Jede Umstellung (auch ohne
   EDV) führt zu Widerständen.

o Computer sind vielfach mit Vorurteilen belastet und werden
   abgelehnt ("Jobkiller", schädliche Strahlen, Kontrollierbar-
   keit der eigenen Arbeit etc.).

o Das Funktionsangebot der ausgewählten Soft- und der Hardware
   ist oft so vielseitig (besonders bei Standard-Software), daß
   die Bediener unsicher werden, was wann zu tun ist.

o Viele Handbücher sind nicht bedienerfreundlich, häufig sind
   sie von Technikern oder Programmierern geschrieben, die in
   ihrer eigenen Fachsprache schreiben, nicht in der des Anwenders.

o Auch bei guten Handbüchern kann nicht beschrieben werden,
   wie die Programmfunktionen in die betriebliche Situation
   übertragen werden: wer wofür verantwortlich ist, wann im
   Laufe des Tages (Monats, Jahrs) bestimmte Aufgaben durchge-
   führt werden, wie der Belegfluß durch das Unternehmen sein
   soll etc.

o Dem Erstanwender fehlen Grundkenntnisse, ohne die er ein
   System nicht bedienen kann, in vielen Anleitungen wird
   dieses "Allgemeinwissen" jedoch vorausgesetzt und nicht
   näher beschrieben (z.B. wird der Anwender aufgefordert, eine
   Sicherheitskopie zu machen, ohne daß der Kopiervorgang erläutert wird).

Erstanwender erwarten oft, daß ihr Händler als EDV-Fachmann sie
in solchen und ähnlichen Problemsituationen kostenlos unterstützt und berät.

Wie realistisch ist diese Erwartung? Wenn im Computerhandel von
Spannen um 20 Prozent gesprochen wird, hat der Handel bei einem
Rechner für 10.000 DM demnach einen Rohertrag von 2000 DM, von
denen er z.B. sein Personal, seine Räume, seinen Lagerbestand
etc. bezahlen muß. Wieviel kostenlose Beratung kann der Handel
aus diesem Rohertrag leisten? Zum Vergleich: Honorare freier
Berater liegen zwischen 600 und 1500 DM pro Tag.

Wenn Sie ein Auto kaufen, erwarten Sie dann vom Händler, daß er
Ihnen den Führerschein finanziert und zu Fahrpraxis verhilft?

5.3.2 Gesprächsführung

1. Führen Sie ein Fachgespräch nur nach vorheriger Terminver-
   einbarung. Bereiten Sie es mit schriftlich formulierten
   Fragen oder einer Checkliste vor. Eventuell sollten Sie
   Hilfe in Anspruch nehmen!

2. Notieren Sie wichtige Antworten des Anbieters und bitten Sie
   um schriftliche Bestätigung. Für die schriftliche Bestätigung sollten Sie einen Termin setzen, das unterstreicht, wie
   wichtig Sie die Fragen und die Entscheidung nehmen! Falls im
   Eifer des Gesprächs eine Verwechslung oder ein Irrtum aufge-
   treten ist, fällt das Ihrem Gesprächspartner bei der späteren Formulierung wahrscheinlich auf.

3. Versuchen Sie klar und bestimmt von vornherein, den Inhalt
   des Pflichtenhefts zum Vertragsbestandteil zu machen. Achten
   Sie auf die Reaktion des Anbieters!

4. Notieren Sie die vom Anbieter geäußerten wichtigsten Vorteile seines Systems. Diese sind wegen der nicht erlaubten
   vergleichenden Werbung oft Schwachstellen anderer Angebote.
   Auf diese Punkte sollten Sie bei den anderen Anbietern
   gezielt eingehen.

5. Sobald Sie feststellen, daß Sie dem Anbieter fachlich unter-
   legen sind, und "nur noch glauben können oder nicht", sollten Sie dringend einen neutralen DV-Fachmann hinzuziehen.

6. Beachten Sie bitte den Grundsatz, daß Sie nur solange noch
   über Vertragsinhalte verhandeln können, wie Sie noch keine
   Unterschrift geleistet haben!

7. Prüfen Sie die Referenzen des Anbieters. Sprechen Sie persönlich mit dem als Referenz genannten Anwender über seine
   Erfahrungen mit dem System und dem Anbieter! Wahrscheinlich
   hören Sie positive Aussagen. Prüfen Sie aber, ob die Situation mit Ihrer vergleichbar ist!

8. Wenn Ihnen der Anbieter keine eindeutigen Referenzen nennen kann oder will, dann sollten Sie - wenn es dazu kommt - Ihre Anlage als Pilot-Installation betrachten und mit dem Anbieter in dieser Richtung weiterverhandeln.

9. Lassen Sie sich durch Anbieter auch nicht durch "befristete Sonderangebote" in Zugzwang setzen. Häufig sind dies Verkaufsargumente. Außerdem ist der Wettbewerb der Anbieter so stark, daß Sie auch bei anderen Anbietern günstige Konditionen erhalten, wenn Sie Vergleiche nennen können.

10. Schließen Sie nicht von der Qualifikation eines Vertriebsbeauftragten auf die Qualität des DV-Systems. Bestehen Sie darauf, daß zum nächsten Gespräch ein weiterer Fachmann des Anbieters hinzugezogen wird, der "Starverkäufer" ist nur selten Ihr späterer Betreuer. Und wenn er Ihr Betreuer wird, ist nicht sichergestellt, daß der erfolgreiche Verkäufer auch ein qualifizierter Berater ist.

Wählen Sie Ihren Anbieter aus, indem Sie Antworten auf die folgenden Fragen suchen:

1. Ist der Anbieter zu den folgenden Leistungen bereit?
2. Wenn ja, was berechnet er für die Leistungen?
3. Was kosten die Leistungen, wenn sie nicht vom Anbieter, sondern von Dritten erbracht werden?

Gehen Sie als Erstanwender davon aus, daß Sie nach und nach diese Unterstützung benötigen:

Vor Vertragsabschluß: bei der Erarbeitung der Pflichtenhefte für Soft- und Hardware und bei der Prüfung, ob die Angebote den Pflichtenheften entsprechen:

o   Erläuterung der Leistungsmerkmale von Soft- und Hardware
o   Empfehlung, ob Software oder Organisation anzupassen ist
o   Beurteilung der Finanzierungsmöglichkeiten
o   Erarbeitung des Einführungs- und Schulungsplan

Nach Vertragsabschluß, vor Installation:

o   Einführung: Umsetzen der Möglichkeiten des Systems auf die eigene Situation, z.B. Abläufe, Termine, Kompetenzen
o   Testunterstützung bei individueller Software
o   Durchführung von Schulungen

Während und nach der Installation:

o   Installation und Einweisung des Personals
o   Detail-Auskünfte zu Soft- und Hardware
o   Unterstützung bei Systemänderung und -erweiterung
o   Software- und Hardwarewartung

5.3.3 Kaufen oder Leasen

Die Frage "kaufen oder leasen" ist nicht pauschal zu beantworten, die Vertragsbedingungen sind zu unterschiedlich. Leasing ist nicht nur eine Finanzierunsfrage, sondern auch eine Frage der Anpassungsfähigkeit an betriebliche Bedingungen und den technischen Fortschritt. Berücksichtigen Sie bei Ihrer Entscheidung diese Fragen:

o Können das immaterielle Wirtschaftsgut Software und ein Wartungsvertrag mit finanziert werden?

o Wie flexibel bleibt man im Falle von Systemerweiterungen oder -änderungen?

o Welche Leasingraten gelten für die unterschiedlichen Vertragslaufzeiten?

o Welcher Restbuchwert wird am Ende der Laufzeit angesetzt?

o Muß oder kann das System am Ende der Vertragslaufzeit übernommen werden?

o Welche Versicherungen sind vorgeschrieben?

o Kann während der Vertragslaufzeit das System gegen ein anderes ausgetauscht werden? Wenn ja, zu welchen Konditionen?

Einige Erfahrungssätze:

o Der Prozentsatz der monatlichen Leasingrate hängt ebenso vom
   Zinsniveau ab wie die Bankzinsen.

o Leasingraten sind niedriger als Tilgungen für einen gleich-
   hohen Bankkredit, d.h. Leasing belastet die Liquidität weniger.

o Bonität ist für einen Leasingvertrag ebenso wichtig wie für
   einen Bankkredit.

o Beim Bankkredit gehört dem Anwender das System, beim Leasing
   nur bedingt.

o Steuerlich zählen Leasingraten und Abschreibungen als Kosten, wirken sich also ähnlich aus.

o Kleinere Systeme (also die Mehrzahl der Personal Computer)
   werden oft gekauft, größere (z.B. Mehrplatzsysteme) werden
   geleast.

o Leasingverträge laufen oft über 54 Monate, zum Wert der 55.
   Rate kann der Anwender das System erwerben.

5.3.4 Hardware-Vertrag

Kaufvertrag:

Leistungsverzeichnis: es beschreibt alle zu liefernden Geräte und Komponenten der Grundausstattung und der Zusatzausstattung mit ihren genauen Bezeichnungen und den wesentlichen Leistungsmerkmalen, wie in der Kosten-Zusamenstellung beschrieben.

Zugesicherte Eigenschaften: Nehmen Sie alle zugesicherten Eigenschaften in den Vertrag auf, z.B. Eignung des Geräts für ein Netzwerk oder als Terminal für einen anderen Rechner, Eignung des Geräts für Teletex bzw. Bildschirmtext.

Preise: bei längeren Lieferzeiten können die Preise sinken. Versuchen Sie zu vereinbaren, daß Preissenkungen an Sie weitergegeben werden, daß Preissteigerungen ausgeschlossen werden.

Modell: bei längeren Lieferzeiten kann ein Modellwechsel eintreten. Vereinbaren Sie, daß Ihnen jeweils das neueste Modell geliefert wird.

Zahlungstermine: Versuchen Sie, die Zahlungstermine so zu vereinbaren: ein Drittel bei Vertragsabschluß, ein Drittel bei Lieferung, ein Drittel nach erfolgreichem Test.

Wartung:

Grundgerät: für das Grundgerät (überwiegend elektronische Bauteile) brauchen Sie nicht unbedingt einen Wartungsvertrag. Wenn das Gerät fehlerhaft ist, werden die Fehler wahrscheinlich innerhalb der Garantiezeit entdeckt und behoben. Später sind Fehler selten.

Drucker: Drucker (mit vielen mechanischen Teilen) sind fehleranfälliger. Vereinbaren Sie einen Wartungsvertrag mit

vollem Service, ähnlich wie bei Schreibmaschinen. Hilfe
sollte innerhalb von 24 Stunden, besser noch am gleichen
Arbeitstag kommen.

Versicherung:

Unabhängig von der Wartung sollten Sie eine Schwachstromver-
sicherung vereinbaren, die Sie gegen Fehlbedienung und Brand
schützt.

Möglicherweise müssen Sie auf Forderung Ihrer Bank oder
Ihrer Leasinggesellschaft eine Versicherung abschließen.
Fragen Sie nach den genauen Risiken, die Sie versichern
lassen müssen.

Wer Ihr System versichert, erfahren Sie bei Ihrem Händler,
beim Finanzierungsinstitut, bei Ihrem Versicherungsvertre-
ter.

Denken Sie immer daran: eine Versicherung ersetzt nicht die
Datensicherung. Der Geldbetrag, den Sie im Schadensfall
erhalten, ersetzt nicht die verlorenen Informationen, die
sind möglicherweise nicht wieder herzustellen.

5.3.5 Software-Vertrag

Kaufvertrag:

Pflichtenheft: es beschreibt alle Anforderungen des Anwenders, die die Software erfüllen soll, mit allen funktionalen und mengenmäßigen Merkmalen. Wenn möglich, sollten Sie Ihr Pflichtenheft zum Vertragsbestandteil machen. Bei Standardsoftware ist eine solche Forderung aber kaum durchsetzbar.

Zugesicherte Eigenschaften: Nehmen Sie alle zugesicherten Eigenschaften in den Vertrag auf, z.B. Eignung der Software zur Integration.

Version: Vereinbaren Sie bei längeren Lieferzeiten, daß Sie die neueste Version der Software ohne Preisaufschlag geliefert bekommen. Oder vereinbaren Sie Umtausch- oder Erweiterungsmöglichkeit und die entsprechenden Konditionen.

Zahlungstermine: Versuchen Sie, die Zahlungstermine so zu vereinbaren: zwei Drittel bei Lieferung, ein Drittel nach erfolgreicher Installation, d.h. ein bis zwei Monate nach Lieferung.

Anpassung an die Hardware: Vereinbaren Sie, daß die Software für die Konfiguration Ihres Rechners angepaßt wird und daß die Software auf Ihrem Rechner installiert wird. Vertrauen Sie nicht auf Installationshandbücher und ähnliche Hinweise. Was für den Fachmann vielleicht nur ein Handgriff ist, kann für den Einsteiger viel Zeit und Nerven und Risiken bedeuten.

Anpassung an die Organisation: Vereinbaren Sie, daß die Software an Ihre betriebliche Situation angepaßt wird, Module bzw. Parameter.

Test: bei individueller oder individuell umprogrammierter Software sollten Sie vereinbaren, daß die Software vor der Übergabe getestet wird (vom Händler oder Softwarehaus).

Programm-Wartung:

Fehlerbereinigung: Vereinbaren Sie im Wartungsvertrag, daß
Ihr Lieferant Ihnen alle verbesserten (fehlerbereinigten)
Programm-Versionen zugänglich macht.

Programmänderungen: Vereinbaren Sie im Wartungsvertrag die
Anpassung des Programms an veränderte Bedingungen (durch
Umprogrammierung oder sonstige Maßnahmen).

5.4 Unternehmensberatung

Ein Beispiel: ein Unternehmen hat nur gelegentlich mit grundsätzlichen Überlegungen zum EDV-Einsatz zu tun. Eigene Mitarbeiter, die sich mit der EDV genug auskennen, sind nicht vorhanden.

Soll das Unternehmen einen Spezialisten einstellen, der Grundsatzfragen zur Entscheidung und Einführung der EDV bearbeitet und dessen Wissen danach in dieser Tiefe nicht mehr benötigt wird? Wenn ja, was geschieht nach der Einführung mit diesem Mitarbeiter: Kündigung, Einsatz für andere Aufgaben?

Wenn nach einigen Jahren wieder Fragen dieser Art auftreten, hat der Mitarbeiter dann noch den aktuellen Marktüberblick, kennt er dann die inzwischen weiterentwickelten organisatorischen Möglichkeiten?

Oder soll das Unternehmen auf Spezialkenntnisse verzichten und Fehlentscheidungen riskieren?

Großunternehmen können eigene Stabsstellen für solche Fragen unterhalten und beauftragen bei Bedarf zusätzlich Unternehmensberater. Für mittelständische Unternehmen sind eigene Stabsstellen nicht rentabel, deren Wissen ist aus Wettbewerbsgründen trotzdem erforderlich.

Ähnlich wie es Steuerberater, Rechtsanwälte, Werbeagenturen etc. gibt, die sich auf ihr Spezialgebiet konzentrieren, gibt es Unternehmensberater, die sich spezialisiert haben und die Ihnen ihre Dienstleistungen anbieten.

Wenn Sie mit einem Unternehmensberater zusammenarbeiten, achten Sie auf dessen Erfahrung und Spezialisierung. Fachliche Schwerpunkte können z.B. in der Organisation, in der Programmierung, in der Betriebswirtschaft, in bestimmtem Branchen oder Unternehmensgrößen liegen. Informieren Sie sich!

Bei seriösen Unternehmensberatern können Sie davon ausgehen,
daß sie je nach Schwerpunkt

o   aktuell und umfassend informiert sind,
o   den Software- und Hardwaremarkt beobachten,
o   unterschiedliche Systeme kennen und deren Nutzen für den
    Einzelfall beurteilen können,
o   organisatorische Hilfsmittel und Methoden beherrschen,
o   wirtschaftliche Konsequenzen beurteilen können,
o   positive Erfahrungen aus anderen Unternehmen haben,
o   Fehlerquellen kennen und vermeiden können,
o   Mitarbeiter schulen und motivieren können,
o   neutrale Empfehlungen (ohne Verkaufsinteressen) haben,
o   nur für die Aufgabe honoriert werden, mit der sie beauftragt
    wurden.

Unternehmensberater, die einen Schwerpunkt im EDV-Bereich haben, können die Lücke zwischen der Verkaufsberatung des Handels
und dem Bedarf der Anwender schließen.

Sie können Sie in allen Fragen zu diesem Arbeitsbuch unterstützen und z.B. solche Aufgaben lösen, die in keinem allgemeinen
Handbuch stehen können:

o   Wie soll der Informationsfluß im Unternehmen sein?
o   Wer soll für welche Aufgaben zuständig sein?
o   Wann sind welche Aufgaben durchzuführen?
o   Was ist in Ausnahmesituationen zu tun, von wem?
o   Welche einmaligen Aufgaben entstehen bei der Systemeinführung?

5.4.1 Beratungsadressen

Wenn Sie sich beraten lassen wollen, ohne einen Berater zu kennen, können Sie die ersten Informationen bei diesen Stellen bekommen:

o   Ihre zuständige Industrie- und Handelskammer oder Handwerkskammer

o   Betriebswirtschaftliche Beratungsstelle
    für den Einzelhandel   0221/33971

o   Bundesverband der Deutschen Industrie (BDI)
    Abteilung Mittelstandspolitik   0221/37081

o   Bundesbetriebsberatungsstelle für den
    Deutschen Groß- und Außenhandel (BBG)   0228/213958

o   Deutscher Handwerkskammertag (DHKT) /
    Zentralverband des Deutschen Handwerks (ZDH),
    Abteilung Gewerbeförderung   0228/5451

o   Rationalisierungskuratorium der Deutschen
    Wirtschaft (RKW)   06196/4951

o   Verband der Landwirtschaftskammern   0228/375066

o   Bundesverband der Wirtschaftsberater   0221/135642

o   Verband der Betriebsberater in der
    Handwerkskammer (VdB)   0931/50116

o   Bundesverband Deutscher Unternehmensberater   0228/379001

o   Verband Beratender Ingenieure (VBI)   0201/792044

o   Verband Unabhängiger Beratender
    Ingenieurfirmen   0228/217064

5.4.2 Zuschüsse zur EDV-Beratung

Die Bundesregierung fördert mittelständische Unternehmen zum Ausgleich von Wettbewerbsnachteilen. Gefördert werden allgemeine Beratung, Existenzgründungsberatung und Energieeinsparungsberatung. Zur allgemeinen Beratung gehören z.B.

o Betriebsorganisation einschließlich Einsatz der EDV
o wirtschaftliche, organisatorische, technische Probleme der Unternehmensführung
o Verbesserung der Unternehmenskonzeption
o Finanzierung und Rechnunswesen
o Marketing, Einkauf, Lagerhaltung
o Wirtschaftlichkeit und Finanzierung von Investitionen
o Export, Werbung, Produktverbesserung
o betriebliche Umweltschutzmaßnahmen

Die Förderung hängt ab von Wirtschaftsbereichen und Umsätzen im vergangenen Geschäftsjahr (Umsatz ohne Umsatzsteuer und Verbrauchssteuer, nach Abzug von Preisnachlässen und zurückgewährten Entgelten). Der Zuschuß beträgt 40 Prozent. Maßgebliche Umsatzgrenzen für die Beratungsförderung sind:

```
===================================================
!Wirtschaftsbereich              ! Umsatzgrenze !
!=================================================!
!Handwerk, Industrie             !  9,0  Mio.DM!!
!Groß-/Außenhandel               ! 13.0  Mio.DM!!
!Einzelhandel                    !  4.5  Mio.DM!!
!Gastgewerbe                     !  2.0  Mio.DM!!
!Sonst. Dienstleistungsgewerbe   !  2.0  Mio.DM!!
===================================================
```

Die Vorgehensweise:

1. Der Antrag auf einen Zusschuß zu den Beratungskosten ist
   nach Abschluß der Beratung zu stellen.

2. Der Antrag ist auf dafür vorgesehenen Formularen bei einer
   Leitstelle (s.u.) einzureichen. Dort gibt es auch die An-
   tragsformulare bzw. den Hinweis auf andere Bezugsmöglichkei-
   ten für die Formulare.

3. Dem Zuschußantrag sind folgende Unterlagen beizufügen: Rechnung des Beraters, Beratungsbericht, vom Berater ausgefüll-
   ter Beratungsnachweis (ebenfalls vorgeschriebenes Form-
   blatt), Nachweis über die vom Antragsteller erbrachte eigene
   finanzielle Leistung zu den Beratungskosten (Mindesteigen-
   leistung).

4. Der Zuschußantrag und die genannten Unterlagen müssen der
   Leitstelle bis soätestens bis zum 15. Februar des auf den
   Beginn der Beratung folgenden Jahres eingereicht werden.
   (Hat die Beratung nach dem 15. November begonnen, verlängert
   sich die Frist bis zum 30. März).

5. Die Leitstelle überprüft den Antrag und die eingereichten
   Unterlagen und leitet sie an das Bundesamt für gewerbliche
   Wirtschaft weiter. Das BAW trifft die Entscheidung über die
   Bewilligung des Zuschusses und veranlaßt die Auszahlung.

5.4.3 Verzeichnis der Leitstellen

Handwerk

> Zentralverband des Deutschen Handwerk
> Johanniterstr. 1, 5300 Bonn 1, Telefon 0228-545-1

Industrie

> Bundesverband der Deutschen Industrie e.V.
> Gustav-Heinemann-Ufer 84-88, 5000 Köln 51,
> Telefon 0221-37081

> Deutscher Industrie- und Handelstag
> Adenauerallee 148, 5300 Bonn 1, Telefon 0228-1041

> Bundesverband der Selbständigen e.V.
> Deutscher Gewerbeverband
> Coburger Str. 1a, 5300 Bonn 1, Telefon 0228-232026/28

Groß-/Außenhandel

> Bundesbetriebsberatungsstelle für den Deutschen
> Groß- und Außenhandel GmbH
> Kaiser-Friedrich-Str. 13, Postfach 1228, 5300 Bonn 1
> Telefon 0228-213958 und 225550

Einzelhandel

> Leitstelle für die Gewerbeförderungsmittel
> des Bundes im Einzelhandel
> Sachsenring 89, 5000 Köln 1, Telefon 0221-328210

> Bundesverband der Selbständigen e.V.
> Deutscher Gewerbeverband
> Coburger Str. 1a, 5300 Bonn 1, Telefon 0228-232026/28

Verkehrsgewerbe

>   Zentralarbeitsgemeinschaft des Straßenverkehrsgewerbes
>   Breitenbachstr. 1, 6000 Frankfurt/M, Telefon 069-775719

>   Bundesverband der Selbständigen e.V.
>   Deutscher Gewerbeverband
>   Coburger Str. 1a, 5300 Bonn 1, Telefon 0228-232026/28

Gastgewerbe

>   Interhoga
>   Kronprinzenstr. 46, 5300 Bonn 2, Telefon 0228-362016/19

Reisebürogewerbe

>   Deutscher Reisebüroverband e.V.
>   Gärtnerweg 3, 6000 Frankfurt/M 1, Telefon 069-550806/7

Handelsvertreter, Handelsmakler

>   Unternehmensberatung für die Wirtschaft GmbH
>   Landgrafenstr. 16, 1000 Berlin 30, Telefon 030-2611826

Sonstige Dienstleistungsgewerbe

>   Bundesverband der Selbständigen e.V.
>   Deutscher Gewerbeverband
>   Coburger Str. 1a, 5300 Bonn 1, Telefon 0228-232026/28

>   Deutscher Industrie- und Handelstag
>   Adenauerallee 148, 5300 Bonn 1, Telefon 0228-1041

5.5 Mitarbeiter

Die wichtigsten Partner beim Einsatz eines EDV-Systems sind die Mitarbeiter, deren Arbeitsplatz vom Rechner betroffen ist. Sie wissen, daß die Datenverarbeitung mit vielen Vorurteilen belastet ist. Die Vorurteile kommen z.B. aus diesen Quellen: Mitarbeiter wehren sich gegen Neuerungen, sie haben Angst um ihren Arbeitsplatz, sie fühlen sich zu alt zum Lernen, sie fürchten Streß und gesundheitliche Schäden. Mit bloßen Appellen lassen sich die Mitarbeiter kaum motivieren. Stattdessen:

o Stellen Sie Ihren Mitarbeitern dieses Arbeitsbuch zur Verfügung.

o Lassen Sie Ihre Mitarbeiter bei der Ermittlung der betrieblichen Verbesserungsmöglichkeiten mitwirken.

o Fordern Sie Ihre Mitarbeiter zur Abschätzung des Nutzens für den Betrieb und die einzelnen Arbeitsplätze auf.

o Sorgen Sie von Anfang an für offene und sachliche Informationen.

o Vermeiden Sie alles, was als Drohung verstanden werden kann.

o Beziehen Sie Ihre Mitarbeiter in die Vorbereitung ein: das beginnt bei der Ermittlung des Rationalisierungsbedarfs und der Pflichtenhefte.

o Nehmen Sie die betroffenen Mitarbeiter mit zu Demonstrationen und zur Beurteilung der Bedienerfreundlichkeit.

o Lassen Sie Ihre Mitarbeiter schulen und geben Sie ihnen dadurch Sicherheit in der Bedienung des Systems.

o Beziehen Sie Ihre Mitarbeiter in die Entscheidungen ein, z.B. durch Mitwirkung bei den Nutzwertanalysen: Gewichtung, Zielerfüllung.

6 Zusammenfassung

1. Ein EDV-System ist nicht gut oder schlecht, es ist nur für die Situation des einzelnen Anwenders geeignet oder ungeeignet.

2. Die Stufen der EDV-Entscheidung sind:

   o Festlegung der Arbeitsgebiete
   o Auswahl der geeigneten Software
   o Ermittlung der geeigneten Hardware
   o Zusammenarbeit mit den richtigen Partnern

3. Die Anschaffung eines Rechners ist wirtschaftlich, wenn der monatliche Nutzen (Einsparung, Zeit- bzw. Informationsgewinn) mindestens so groß ist wie etwa 2,5 Prozent der Anschaffungskosten.

4. Je genauer Sie Ihre Anforderungen an die Software festlegen, desto sicherer werden Sie Ihre wirtschaftlichen und organisatorischen Ziele erreichen.

5. Zu jedem geeigneten Anwendungsprogramm gibt es ein Betriebssystem, nicht zu jedem Betriebssystem gibt es ein geignetes Anwendungsprogramm.

6. Sie brauchen ein Mehrplatzsystem, wenn die manuellen Arbeiten, die das System übernehmen soll, mehr als durchschnittlich acht Arbeitsstunden pro Tag beanspruchen.

7. Wenn Sie die Wahl haben, entscheiden Sie sich für eines der weit verbreiteten Betriebssysteme.

8. Wenn Sie die Wahl haben, entscheiden Sie sich für Integration anstelle von Insellösungen.

9. Wenn Sie selbst Systeme entwickeln wollen, ohne alle
   Einzelheiten zu programmieren, wählen Sie Mehrzwecksoftware, z.B. Tabellenkalkulation, Integrierte Systeme.

10. Wenn Sie die Wahl haben, entscheiden Sie sich für die
    Fenstertechnik.

11. Standardaufgaben mit Standardprogrammen lösen, individu-
    elle Aufgaben mit individuellen Programmen - oder ma-
    nuell.

12. Häufig ist es wirtschaftlicher, die Organisation an das
    Programm anzupassen, als das Programm an die Organisa-
    tion.

13. Wählen Sie bedienerfreundliche Programme und prüfen Sie
    dies vor dem Kauf (oder vereinbaren Sie Umtauschmöglich-
    keit).

14. Wählen Sie Software, die Sie selbst an Ihren Bedarf oder
    an z.B. neue Vorschriften anpassen können.

15. Setzen Sie konsequent die Nutzwertanalyse für die Soft-
    ware jedes Arbeitsgebiets ein.

16. Ermitteln Sie sorgfältig die Anforderungen der ausge-
    wählten Software an die Hardware.

17. Wählen Sie die Hardwarekomponenten, die Ihrem Bedarf
    entsprechen, viele Komponenten sind austauschbar.

18. Verzichten Sie auf Kompatibilität zu verbreiteten Syste-
    men nur, wenn Ihre Aufgabe anders nicht sinnvoll zu lösen
    ist.

19. Setzen Sie konsequent die Nutzwertanalyse für die Hard-
    ware-Angebote ein.

20. Nehmen Sie sich mehrere Monate Zeit für die Informations-
    sammlung und die Entscheidung.

21. Lassen Sie sich nicht durch technische Einzelheiten von
    Ihrer Problemlösung wegdiskutieren.

22. Beschaffen Sie Soft- und Hardware möglichst aus einer
    Hand, mindestens alle Software bei einem Anbieter, alle
    Hardware bei einem anderen Anbieter.

23. Wählen Sie die Produkte renommierter Hersteller, wenn es
    um Standardaufgaben geht.

24. Sie können der EDV-technischen Überlegenheit der Anbieter
    begegnen, indem Sie sich mit Checklisten auf wichtige
    Gespräche vorbereiten.

25. Schalten Sie rechtzeitig Ihre Mitarbeiter in die Vorbe-
    reitungsarbeiten ein, nur so sind sie zu motivieren.

26. Sprechen Sie mit Ihrem Händler und Ihrer Bank über die
    Alternativen Kauf oder Leasing.

27. Machen Sie Ihre Pflichtenhefte zum Bestandteil der Ver-
    träge.

28. Sobald Sie Zweifel an der Objektivität von Empfehlungen
    oder an den Auswirkungen Ihrer Entscheidungen haben,
    schalten Sie einen neutralen Berater ein.

7 Glossar

In diesem Glossar werden die Begriffe zu Personal Computern
kurz beschrieben, die in Prospekten zu Hard- und Software und
in Gesprächen mit den Anbietern häufig vorkommen. Dieses Glossar ist weniger als ein EDV-Lexikon, weil nicht alle EDV-
Fachausdrücke erläutert werden. Es ist mehr als ein EDV-Lexikon, weil es stärker auf die Betrachtungsweise des EDV-Anwen-
ders eingeht.

Wenn in einer Erläuterung einzelne Wörter **fett** geschrieben
sind, sind unter dem fett geschriebenen Stichwort weitere Informationen zu finden.

All-in-one Computer: Englisch für "Alles-in-Einem Computer".
    Gemeint ist, daß alle wichtigen Peripherie-Geräte zusam-
    men mit dem Computer fest in ein Gehäuse eingebaut sind.
    Vorteil: es gibt keine lästigen Kabelverbindungen. Nach-
    teil: ein Austausch der einzelnen Komponenten wie Bild-
    schirm, Drucker etc. ist nicht oder nur eingeschränkt
    möglich.

Analog: Bezeichnung für eine Darstellungsform, in der für jeden
    zu bezeichnenden Zustand ein eigenes Symbol gewählt wird.
    Beispiel: Analog-Uhr mit unendlich vielen Zeiger-Stellun-
    gen. Gegensatz: digital.

Arbeitsablaufanalyse: Sie dient dazu, die Arbeitsabläufe darauf
    zu untersuchen, ob und wie sie durch EDV-Einsatz unter-
    stützt werden können. Sie systematisiert und gruppiert
    die Schritte, die zur Lösung eines Problems nötig sind.

    Die Arbeitsablaufanalyse kann zu der Erkenntnis führen,
    daß einzelne Schritte nur in veränderter Form durch den
    Computer bearbeitet werden können. Dann muß entweder auf
    den Computereinsatz in diesem Teilbereich verzichtet
    werden, oder die Betriebsabläufe müssen geändert werden.

Häufig deckt die Arbeitsablaufanalyse Schwächen und "alte
Zöpfe" auf, deren Beseitigung allein schon eine Rationa-
lisierung darstellt. Um so größer kann der Nutzen sein,
der mit EDV-Einsatz entsteht.

Auflösung: Gibt an, wieviele Punkte auf dem Monitor angezeigt
werden können. Je mehr Punkte, desto klarer und schärfer
das Bild.

Bandlaufwerk: Gerät zum Beschreiben und Lesen von Magnetbän-
dern. Die Palette der verwendeten Geräte reicht vom einfachen Kassettenrecorder über Speziallaufwerke und Tape-
Streamer bis zum Laufwerk, wie man es aus der Groß-EDV
kennt.

Bit: Ein Bit ist die kleinste Informationseinheit, die von der
Hardware dargestellt und von der Software verstanden
werden kann. Ein Bit kann entweder den Zustand 1 (=einge-
schaltet) oder 0 (=ausgeschaltet) haben.

Bus: Innere "Verdrahtung" der einzelnen Teile des Computers.
Genauer: Bezeichnung für eine Anzahl von Logik-Baustei-
nen, die für die richtige Verteilung der Daten im Computer sorgen. Als Steuerung für sämtliche Bewegungen von
Daten innerhalb des Computers ist der Bus von entschei-
dender Bedeutung.

Byte: Ein Byte ist der Speicherplatz im Computer, der für das
Speichern eines Buchstabens oder einer Ziffer oder eines
Zeichens benötigt wird. Ein Byte besteht aus 8 Bits.

Durch ein Bit sind nur zwei Zeichen darstellbar. Um die
Ziffern und die Buchstaben des Alphabets und die Sonderzeichen (z.B. + - * / , ; . : ! " & = ? etc.) darstellen
zu können, werden acht Bits zu einem Byte zusammengefaßt,
das insgesamt 256 Darstellungsmöglichkeiten hat, ausreichend für alle gebräuchlichen Zeichen.

Computerkauf: Der erste Schritt soll die Problemanalyse sein, der zweite Schritt die Auswahl der geeigneten Software, die Computerauswahl ist der letzte Schritt.

Jeder Computer ist nur soviel wert wie die Programme (Software), die er verarbeiten kann.

Controller: Steuergerät (=Interface) für Massenspeicher. Der Controller verwandelt

o die Daten aus dem Bus in Signale, die auf Platte oder Band geschrieben werden können,

o die Signale, die auf dem Massenspeicher gespeichert sind zurück in Daten, die der Computer "versteht".

Cursor: Der Cursor ist ein Zeichen auf dem Bildschirm, der die Stelle anzeigt, an der das nächste von der Tastatur aus eingegebene Zeichen erscheinen wird.

Der Cursor kann unterschiedliche Formen haben. Verbreitet sind ein helles oder blinkendes Rechteck oder ein Strich unterhalb des Zeichens.

Cursorblock: Gruppe von Tasten, die separat auf der Tastatur angeordnet sind. Die Tasten sind mit Richtungspfeilen für die Cursor-Bewegung gekennzeichnet.

Cursorsteuerungstasten: Tasten, die die Position des Cursors auf dem Bildschirm verändern.

Daisy Wheel Drucker: siehe Typenraddrucker.

Daten: Informationen, wie beispielsweise Kundenadressen, Lagerbestände, Termine, Umsätze, Teilenummern, die eingegeben, verarbeitet, gespeichert und ausgegeben werden.

Der Umfang, in dem diese Daten bei der Lösung eines Problems mit Hilfe der EDV anfallen, wird auch als Mengengerüst bezeichnet.

Datensicherung: Bezeichnung für Verfahren, die die gespeicherten Daten vor Verlust schützen soll. Die wichtigste Methode besteht im regelmäßigen Kopieren der Daten von einem auf einen anderen Massenspeicher, der dann an anderer sicherer Stelle aufbewahrt wird. Harddisks sind aus diesem Grunde zur Datensicherung kaum geeignet. Wichtig ist nicht nur die Kopie des Massenspeichers, sondern auch die Urbelege, die seit der letzten Sicherungskopie angefallen sind. Mit ihrer Hilfe kann der Anwender den aktuellen Stand rekonstruieren.

Regelmäßige Datensicherung ist für einen erfolgreichen EDV-Einsatz unabdingbar.

Digital: Darstellung von Zuständen durch Kombination von wenigen Zeichen, Zahlen, Buchstaben (englisch: "digit"). Beispiel: Digital-Uhr mit wenigen Ziffern. Gegensatz: analog.

Diskette: siehe Floppy Disk

Drucker: Ausgabegerät des Computers. Druckt Texte und evtl. Grafiken aus.

Drucker-Interface: Wandelt die Ausgabesignale des Computers in Druckersignale um und sorgt für einen Datenfluß, den der Drucker verarbeiten kann. Aufgrund der Art der Datenübertragung unterscheidet man "parallele" und "serielle" Interfaces.

EDV: Abkürzung für Elektronische Daten-Verarbeitung

EDV-System: Komplette einsatzbereite Anlage für die EDV. Die
      Einsatzfähigkeit ergibt sich erst aus dem Zusammenspiel
      von Hardware und Software.

Eingabeüberprüfung: Die Eingabeüberprüfung wird auch als Si-
      cherheit gegen Fehlbedienung bezeichnet. Bei jeder Ein-
      gabe in den Computer soll überprüft werden, ob die Ein-
      gabe

      o vollständig ist,
      o die richtige Form hat und
      o logisch richtig (plausibel) ist.

      Ein Beispiel: Ein Programm zur Lagerverwaltung benötigt
      als Eingabe die Menge der verkauften Ware. Zunächst über-
      prüft der Computer, ob überhaupt eine Menge eingegeben
      wurde, ob es sich dabei um eine Zahl handelt und nicht
      etwa um ein Wort. Dann erfolgt die Überprüfung der Logik
      der Eingabe: Ist diese Menge überhaupt im Lagerbestand
      vorhanden? Stellt das Programm fest, daß ein Fehler vor-
      liegt, gibt der Computer eine entsprechende Meldung aus
      und erwartet eine neue Eingabe.

      Beide Überprüfungen sind sehr wichtig für einen rei-
      bungslosen Betrieb. Die Fehlerquellen müssen vom Program-
      mierer erkannt und abgefangen werden. Die Eingabeüberprü-
      fung ist für jedes kommerziell genutzte Programm unver-
      zichtbar, weil die Ergebnisse nur so gut sein können wie
      die Eingaben.

Encoder: Wandelt die Eingabesignale von der Tastatur in einen
      Code um, der vom Computer verstanden wird. Der Encoder
      ist eine Form von Interface oder Controller

EPROM: Abkürzung für Erasable Programmable Read Only Memory,
      löschbarer programmierbarer Nur-Lese-Baustein. Ein EPROM
      verhält sich wie ein ROM-Baustein, kann aber nach Ge-
      brauch gelöscht und wieder verwendet werden.

Feinkonzeption: Die Feinkonzeption ist das Endprodukt der Problemanalyse. Alle Abläufe sollen nun so genau beschrieben
sein, daß ein Programmierer sie in ein Computerprogramm
umsetzen kann, auch wenn er nichts von den betriebsinter-
nen oder branchenspezifischen Arbeiten weiß. Die Feinkonzeption muß also sehr gründlich erstellt werden.

Floppy Disk: Scheibe aus magnetisierbarem Material in einer
Schutzhülle. Durchmesser etwa 3, 5 oder 8 Zoll (ca. 8, 14
oder 20 cm). Die Floppy Disk ist ein Massenspeicher mit
schnellem Zugriff, geringerer Kapazität und mittlerem
Preis. Die Datensicherung mit Hilfe der Floppy Disk ist
einfach und schnell. Die Floppy Disk ist derzeit der am
weitesten verbreitete Massenspeicher bei Personal Computern, auch zur Datensicherung als Ergänzung zur Harddisk
geeignet.

Grobkonzeption: Der erste Schritt der Grobkonzeption ist die
Problemdefinition. Hier soll erst einmal ganz klar festgelegt werden, was eigentlich mit dem Computer erreicht
werden soll.

Danach ist es möglich, den Gesamtrahmen für den Computereinsatz festzulegen. So können verschiedene Problemkreise
abgegrenzt und getrennt betrachtet werden. Gleichzeitig
werden Verbindungsstellen sichtbar, die ebenfalls zu
berücksichtigen sind.

Da die Grobkonzeption die Weichenstellung für alle weiteren Überlegungen ist, muß sie mit größter Sorgfalt erstellt werden. Jedes Versäumnis führt höchstwahrschein-
lich dazu, daß das entwickelte Computersystem der Aufgabe
nicht angemessen (zu groß, zu teuer) und/oder für die
Arbeiten nicht geeignet ist (zu klein, nicht problemge-
recht).

Harddisk: Massenspeicher in Form einer Magnetplatte, die fest
in ein Laufwerk eingebaut ist. Duch genaue Justierung und

hohe   Staubsicherheit ist die Kapazität der Hard-Disk bei
geringster Zugriffszeit sehr hoch. Nachteilig sind der
höhere Preis und die erschwerte Datensicherung, für die
entweder viele Floppy Disks und Zeit oder ein teures
schnelles Bandgerät nötig sind.

Hardware: Im Englischen bedeutet "hard" soviel wie hart, greif-
    bar. Vereinfacht versteht man unter Hardware alles, was
    man anfassen kann. Genauer: Der Begriff Hardware umfaßt
    sämtliche Geräte und Bauteile der EDV-Anlage. Das sind
    der Computer und die Peripheriegeräte, z.B. Bildschirm,
    Drucker, Floppy Disk-Laufwerke. Gegensatz: Software.

Interface: Allgemeine Bezeichnung für die Bauteile, die den
    Computer mit seinen Peripherie-Geräten (= Zusatzgeräten)
    verbindet. Die wesentliche Funktion der Interfaces ist
    das Umwandeln der Signale des Computers für die Periphe-
    riegeräten bzw. das Umwandeln der Signale der Peripherie-
    geräte für den Computer. Spezielle Interfaces sind die
    Controller für Massenspeicher und der Encoder für die
    Tastatur. (Siehe auch paralleles und serielles Interface)

Kassettenlaufwerk: siehe Bandlaufwerk.

Kilobyte: Maßeinheit für den Speicherplatz. Ein Kilobyte (auch
    Kbyte oder KB oder K) besteht aus 1024 Bytes. Mit K-RAM
    und K-ROM wird der Speicherplatz für die RAM- und die
    ROM-Bausteine bezeichnet.

Kompatibilität: (Latein: comparare = vergleichen). Kompatibili-
    tät bedeutet vereinfacht, daß Hardware- bzw. Software-
    Teile zueinander passen. Hardware-Kompatibilität bedeutet
    z.B. daß zwei Geräte weitgehend die gleichen Funktionen
    ausführen und mit dem gleichen BUS arbeiten können bzw.
    die gleichen Steuersignale erkennen.

Der Drucker A ist also kompatibel mit dem Drucker B, wenn
man ihn anschließen kann ohne einen Unterschied in der
Verarbeitung zu bemerken.

Unterschiedliche Computer sind softwarekompatibel, wenn
sie exakt die gleichen Programme verarbeiten können. Sie
sind hardwarekompatibel, wenn sie exakt die gleichen
Peripheriegeräte verwenden können.

Hundertprozentige Kompatibilität wird von Herstellern oft
versprochen, sie ist jedoch nur schwer zu erreichen.
Fehlende Kompatibilität führt dann zu Problemen, wenn
Programme von einem (z.B. alten) auf einen anderen (z.B.
neuen) Computer übertragen werden sollen. Erst der persönliche Test mit allen Funktionen kann hier im Einzel-
fall Klarheit schaffen.

Magnetband: Massenspeicher. Charakteristisch sind langsamer
Zugriff, hohe Kapazität, langsame Datensicherung und
geringerer Preis.

Manual: Manual ist der englische Begriff für das Handbuch oder
die Bedienungsanleitung. Hier sollen alle Funktionen des
Programmes oder des Gerätes ausführlich beschrieben sein.
Ein Manual wird für alle EDV-Geräte und für die meisten
Programme geliefert. Ein gründliches Durcharbeiten der
Manuals gehört zur Mitarbeiterschulung und hilft Pannen
zu vermeiden.

Ein gutes Handbuch sollte mindestens zwei Teile enthalten:

o   eine Einführung in die Arbeitsweise, am besten in Form
    eines Kurses,

o   einen Nachschlageteil, in dem die einzelnen Funktionen
    ausführlich erläutert werden.

Der Benutzer arbeitet zunächst den Lehrtext durch, um sich mit der Arbeitsweise des Gerätes / Programmes vertraut zu machen. Treten später Fragen bei der Bedienung auf, dient der lexikalische Teil des Manuals als Nachschlagewerk zur schnellen Information.

Bei Programmen kann die Erstellung das Handbuch mehr kosten als das eigentliche Programm. Diese Kosten müssen auch vom Käufer getragen werden. Er sollte sich vor jedem Kauf vom Vorhandensein und der Qualität des Handbuchs überzeugen. Je besser das Handbuch, desto besser ist die Anwendbarkeit des Systems.

Durch die Herkunft vieler Programme und Geräte aus dem englischsprachigen Raum sind Manuals oft in englischer Sprache verfaßt. Es ist häufig besser, sich einen Grundwortschatz in Computerenglisch zu erarbeiten als sich auf schlechte Übersetzungen zu verlassen.

Massenspeicher: Speichermöglichkeit von Daten außerhalb des Computers. Hauptsächlich werden Magnetbänder und Magnetplatten verwendet.

Auswahlkriterien für Massenspeicher sind die Zugriffszeiten, die Kapazität (in Kilobyte oder Megabyte), die Möglichkeit zur Datensicherung und der Preis.

Matrixdrucker: Matrixdrucker drucken ihre Zeichen nicht als Ganzes wie die Typenraddrucker, sondern sie setzen die Zeichen aus kleinen Punkten zusammen. Je mehr Punkte für ein Zeichen verwendet werden, desto klarer wird das Schriftbild. Matrixdrucker können auch beliebige Zeichen oder Grafiken drucken, wenn bestimmte Voraussetzungen erfüllt sind. Matrixdrucker arbeiten schneller als Typenraddrucker.

Es gibt mehrere technische Systeme für den eigentlichen Druckvorgang, z.B. Nadel-, Tintenstrahl- oder Thermodrukker.

Megabyte: Maßeinheit für den Speicherplatz. Ein Megabyte (Mbyte, MB) besteht aus 1024 mal 1024 Bytes, also etwa 1 Million Bytes. Diese Einheit wird hauptsächlich für die Kapazitätsangabe von Festplatten verwendet.

Mengengerüst: Mengengerüst ist die Zusammenstellung aller Datenmengen, die bei einer EDV-Lösung bewältigt werden müssen. Das Mengengerüst ist gekennzeichnet durch

o die Anzahl der gleichzeitig vorhandenen Daten (Bestandsdaten), z.B. Anzahl Kunden

o die Änderungshäufigkeit der vorhandenen Daten (Bewegungsdaten), z.B. Anzahl Bestellungen

o den Zeitraum, in dem die Daten zur Verfügung stehen müssen, z.B. dauernd bei Stammkunden bzw. einmalig bei Laufkunden

Für die Konzeption ist das Mengengerüst aus dem Ist-Zustand so zu verändern, daß das voraussichtliche zukünftige Mengengerüst erkennbar wird. Denken Sie bei der Festlegung des Mengengerüsts daran, eine Reserve einzuplanen. Denn erfahrungsgemäß steigen die Mengen nach dem Einsatz eines Computers, weil die Abläufe beschleunigt werden und der Informationsbedarf mit den technischen Möglichkeiten wächst.

Menüsteuerung: Ein Menü beschreibt die Möglichkeit, verschiedene Funktionen Funktionen eines Programms nach Bedarf aufzurufen. Es wird auf dem Bildschirm dargestellt. Hier ein Beispiel:

```
   Telefonliste:

   Neue Eintragung                    1
   Eintragung löschen                 2
   Eintragung ändern                  3
   Liste drucken                      4
   Programm beenden                   5

   Ihre Wahl:                         ..
```

Hier reicht die Eingabe einer Ziffer von 1 bis 4, um die
gewünschte Funktion aufzurufen. Der Vorteil liegt in der
Kürze der Eingabe und in dem Umstand, daß das Programm
dem Benutzer mitteilt, welche Funktionen gerade gewählt
werden können. Da man dies als Frage und Antwort zwischen
Computer und Benutzer auffassen kann, spricht man auch
vom "Dialogbetrieb".

Die Menüsteuerung hat sich als Standard für kommerzielle
Programme weitgehend durchgesetzt. Auch Ihre Software
sollte dialog-orientiert, also menügesteuert sein.

Bei einem Menü bietet sich die einfache Möglichkeit, die
Eingabeüberprüfung durchzuführen. Nimmt der Computer bei
einem Menü eine falsche Eingabe an, kann es mit der
Sicherheit gegen Fehlbedienung nicht weit her sein.
Vorsicht!

Mikroprozessor: Der Mikroprozessor ist das Herzstück eines
Personal Computers. Dieser Baustein führt alle Operatio-
nen des Computers durch. Die Bezeichnungen sind meist
Hersteller- oder Typnummern.

Wichtig ist die Einteilung der Mikroprozessoren in 8-Bit-
, 16-Bit-, 32-Bit-Prozessoren. Die Zahl gibt an, wieviele
Bits ein Mikroprozessor gleichzeitig bearbeiten kann.
Diese Fähigkeit entscheidet über Kapazität, Geschwindigkeit und Rechengenauigkeit des Computers.

Da sich die Mikroprozessoren erheblich voneinander unter-
scheiden, sind Programme für die unterschiedlichen Typen
nicht austauschbar (nicht kompatibel).

Mitarbeiterschulung: Durch Mitarbeiterschulung wird erreicht,
daß die für die Bedienung der EDV-Anlage vorgesehenen
Mitarbeiter in Ihrem Betrieb lernen, den Computer als
Werkzeug benutzen, ohne aus Unwissenheit Fehler zu bege-
hen. Bei der Einführung von EDV ist Mitarbeiterschulung
eine unschätzbare Hilfe, vor allem um Vorurteile und
Ängste abzubauen. Auch der Chef ist einer der Mitarbeiter, wenn er den Computer selbst bedienen will.

Monitor: Fernsehähnliches Gerät, das die Texte oder Informationen anzeigt, die der Computer erarbeitet hat. Der Monitor
wird von einem Video-Interface angesteuert. Der Monitor
sollte eine möglichst hohe Auflösung haben und entspiegelt sein. Er sollte frei aufstellbar sein.

Nadeldrucker: Sonderform der Matrixdrucker. Die Punkte werden
durch Anschlagen von Nadeln durch ein Farbband auf das
Papier gesetzt. Relativ lautes Arbeitsgeräusch. Besonde-
rer Vorteil: neben normalem Papier kann auf dem Nadeldrucker Papier mit Durchschlägen verarbeitet werden.

Parallelbetrieb: Bezeichnung für ein Verfahren, EDV in einen
bestehenden Betriebsablauf einzugliedern.

Der Computer übernimmt zunächst nicht allein die Verarbeitung der Daten, sondern nur zusätzlich (parallel) zum
herkömmlichen Ablauf. Die Computerergebnisse werden dann
mit den Ergebnissen der herkömmlichen Bearbeitung der
Abläufe verglichen. Erst nachdem feststeht, daß der Computer korrekt arbeitet, übernimmt er nach und nach die
Abläufe. Im gleichen Maße wird die herkömmliche Bearbeitung eingestellt.

Die Phase des Parallelbetriebs sollte einige Monate betragen. Die komplette Umstellung der wichtigsten Betriebsabläufe kann bis zu einem halben Jahr dauern.

Paralleles Interface: Das parallele Interface gibt die Bits parallel, d.h. gleichzeitig durch mehrere Leitungen aus. Vergleich zum seriellen Interface: schneller, höherer Preis.

Peripherie: Sammelbezeichnung für alle Geräte, die nicht unmittelbar dem Computer zugerechnet werden können, z.B. Drukker, Massenspeicher, Bildschirm etc.

Pilotanwender, Pilotkunde: Wird ein Programm für Sie "maßgeschneidert", sind Sie auch der erste, der es ausprobiert. Damit sind Fehlerrisiken verbunden.

Wenn ein Software-Hersteller diese Software später als Branchenlösung in seine Produktpalette aufnehmen will, sind Sie praktisch derjenige, der ihm hilft, die Fehler in seinem Programm zu finden. Da dies auch für Sie Mühe und Kosten verurachen kann, erhalten Sie als Pilotanwender mehr Unterstützung vom Hersteller, als es der spätere Käufer dieses Produktes erwarten kann. Auch ein preisliches Entgegenkommen können Sie in diesem Fall erwarten.

Wenn Sie das Programm ausschließlich für Ihren Betrieb programmieren lassen und der Hersteller Ihnen den Status als Pilotanwender nicht zugestehen will, lassen Sie sich unbedingt auch die Rechte zur kommerziellen Verwertung der Software vertraglich übertragen.

Prellen: Bedeutet bei der Tastatur, daß auf einen Tastendruck nicht nur ein Zeichen, sondern mehrere gleiche Zeichen erscheinen. Gute Tastaturen dürfen nicht prellen, sie müssen "entprellt" sein.

Problemanalyse: Die Problemanalyse dient zur genauen Feststel-
    lung der Arbeiten, die der Computer übernehmen soll.
    Dafür müssen die Ziele der Arbeitsabläufe und die Aufga-
    ben, die zu diesen Zielen führen sollen, möglichst genau
    beschrieben werden. Aufgrund dieser Beschreibung ist die
    Beurteilung möglich,

    o ob ein Problem mit Hilfe der EDV gelöst werden kann
      und, wenn ja,

    o mit welcher Soft- und Hardware es gelöst werden kann

    Die Problemanalyse steht notwendigerweise am Beginn jeder
    Einsatzplanung für EDV-Systeme. Die einzelnen Schritte
    der Problemanalyse sind z.B. Problemdefinition, Grobkon-
    zeption, Arbeitsablaufanalyse, Mengengerüst, Feinkonzep-
    tion.

Programm: Abfolge von Arbeitsanweisungen für einen Computer.
    Programme werden hauptsächlich von Spezialisten, den
    Programmierern, erstellt. Einfache Programme können nach
    einiger Einarbeitungszeit auch von Laien geschrieben
    werden.

    Der Programmierer teilt dem Computer seine Anweisungen
    mit Hilfe von "Programmiersprachen" mit. Eine Program-
    miersprache besteht aus einzelnen Befehlen (Anweisungen),
    die Ähnlichkeit mit (meist englischsprachigen) Worten
    haben.

Programmdokumentation: Eine gute Programmdokumentation besteht
    aus

    o dem Manual (Handbuch),
    o der Auflistung der Anweisungen des Programmierers an
      den Computer (= Listing) und
    o Kommentaren zu wesentlichen Programmfunktionen und
      Befehlen als Bestandteil des Listings.

Die Programm-Dokumenation soll auch fremde Fachleute in die Lage versetzen, Änderungen oder Korrekturen am Programm vorzunehmen, vielleicht sogar Sie selbst, wenn Sie sich eingearbeitet haben.

Weil in der Programm-Dokumentation das Know-how des Programmierers offenliegt, können Sie sie nur dann verlangen, wenn das Programm ausschließlich für Sie erstellt wurde und Sie auch die Rechte an einer kommerziellen Verwertung erwerben.

Bei ausschließlich für Sie erstellten Programmen sollte die Programm-Dokumentation Vertragsbestandteil sein.

Programmspezifikationen: Die Programmspezifikationen sind die genaue Beschreibung der Anforderungen, die ein Programm für Ihren Zweck erfüllen muß. Die Programmspezifikationen sind das Ergebnis der Systemanalyse.

Weil die Programmspezifikationen die Vorgaben für den Programmierer darstellen, an die er sich bei der Programmierung halten muß, werden sie auch als "Pflichtenheft" bezeichnet.

PROM: Abkürzung für Programmable Read Only Memory, programmierbarer Nur-Lese-Speicher. Ein PROM-Baustein kann mit einem Zusatzgerät beschrieben werden. Nach diesem Programmiervorgang verhält sich ein PROM-Baustein genauso wie ein ROM.

RAM: Abkürzung für Random Access Memory, Direkt-Zugriffs-Speicher. RAM bezeichnet einen Speicher-Baustein, in dem der Computer sowohl speichern wie auch wieder lesen kann.

Die Informationen, die in einem RAM-Baustein gespeichert sind, müssen ständig durch kurze Stromimpulse erhalten werden (Auffrischen = Refresh). Bleiben diese Impulse aus, z.B. durch Ausschalten oder Stromausfall, werden die Informationen gelöscht.

RGB-Interface: Interface zur Versorgung eines Farb-Monitors. Es erzeugt drei getrennte Signale für die Fernseh-Grundfarben Rot, Grün und Blau.

RGB-Monitor: Hochwertiger Farb-Monitor, der drei getrennte Videosignale für die Fernsehgrundfarben Rot, Grün und Blau benötigt.

ROM: Abkürzung für Read Only Memory, Nur-Lese-Baustein. ROM bezeichnet einen Speicherbaustein, in dem Informationen fest verankert sind. Sie können vom Computer immer wieder abgerufen werden und gehen auch beim Abschalten des Rechners nicht verloren. Nachteil der ROM-Bausteine ist, daß sie nach der Herstellung nicht mehr beeinflußt werden können. Muß eine Information, die in ROM-Bausteinen gespeichert ist, geändert werden, so muß ein neuer Baustein hergestellt werden, der alte ist wertlos geworden.

Schnittstelle: Die Seite eines Interface, die die Verbindung mit der "Außenwelt", mit der Peripherie herstellt. Oft wird der Begriff "Interface" mit dem Begriff "Schnittstelle" gleichbedeutend verwendet.

Serielles Interface: Das serielle Interface gibt die einzelnen Bits nacheinander über eine Leitung aus. Vergleich zum parallelen Interface: günstigerer Preis, langsamer.

Software: Bezeichnung für die Computerprogramme. Im Englischen
    bedeutet "soft" soviel wie weich als Gegensatz zu "hard".
    Software ist der unsichtbare, nicht "anfassbare" Teil
    eines EDV-Systems.

    Der Begriff Software setzt sich allmählich auch im Be-
    reich der Unterhaltungs-Elektronik durch. Die Musik oder
    der Film ist die Software, die Tonträger (Kassette oder
    Platte) und die Geräte sind die Hardware.

Softwarehaus: Firma, die sich mit der Herstellung von Program-
    men beschäftigt. Häufig haben sich Softwarehäuser auf
    bestimmte Branchen oder bestimmte Computer-Hersteller
    spezialisiert.

Software-Kompatibilität: Austauschbarkeit von Programmen, siehe
    Kompatibilität.

Systemberater: Spezialist für die praktische Anwendung von
    Computern. Der Systemberater hat die Aufgabe, bei Kauf
    und Anwendung von Computern beratend zu helfen. Systembe-
    rater können herstellerneutral oder herstellergebunden
    arbeiten.

    Herstellerneutrale Systemberater können ihre Empfehlungen
    unabhängig geben, aus dem gesamten Marktangebot. Damit
    kann das Risiko verbunden sein, daß dem Systemberater
    nicht alle Datails bekannt sind. Herstellergebundene
    Systemberater werden speziell für die Produktpalette
    ihres Herstellers geschult. Ihre Beratung ist an diese
    Produktpalette gebunden.

    Beide Gruppen der Systemberater haben für Sie als Anwen-
    der Vor- und Nachteile, die Sie in Ihrer speziellen Si-
    tuation abwägen sollten. Wesentlich ist in jedem Fall,
    daß Ihr Systemberater Ihr Vertrauen hat, fachlich und
    persönlich.

Systemberatung: Dienstleistung vor und während des Einsatzes
     von EDV-Systemen. Systemberatung sollte dem Einsatz von
     Computern vorangehen. Die Kosten der Systemberatung
     können hoch sein, der Nutzen der Systemberatung kann
     wesentlich höher als die Kosten sein, wenn dadurch Fehl-
     investitionen und Unterbrechungen der betrieblichen Ab-
     läufe vermieden werden. Die wesentlichen Aufgaben der
     Systemberatung sind z.B.Problemdefinition, Grobkonzep-
     tion, Arbeitsablaufanalyse, Mengengerüst, Feinkonzeption,
     Programmspezifikation
Tapestreamer: Spezielles Bandgerät zum beschleunigten Kopieren
     großer Datenmengen von Harddisk auf Magnetband.

Tastatur: Wichtiges Eingabegerät für den Computer. Die Signale
     von der Tastatur werden im Encoder für den Computer
     verschlüsselt.

Thermodrucker: Sonderform der Matrixdrucker. Der Thermodrucker
     erhitzt ein spezielles Papier an den Punkten seiner Ma-
     trix und erzeugt so die Zeichen auf dem Papier. Vorteil:
     sehr leises Arbeitsgeräusch, günstiger Anschaffungspreis.
     Nachteil: teures Spezialpapier, Durchschläge sind nicht
     möglich.

Tintenstrahldrucker: Sonderform der Matrixdrucker. Der Tinten-
     strahldrucker schießt mikroskopisch kleine Tröpfchen
     einer Spezialtinte auf das Papier. Die Ablenkung der
     Tropfen erfolgt durch Magnetfelder. Vorteil: extrem nied-
     riges Arbeitsgeräusch. Nachteil: keine Durchschläge
     möglich.

Typenraddrucker: Drucker, der die Zeichen mit Hilfe eines Ty-
    penrades und eines Farbbandes auf das Papier bringt.
    Vorteil des Typenrad-Druckers ist die hervorragende
    Schriftqualität, ähnlich wie eine Schreibmaschine. Ver-
    schiedene Schriften können duch Austauschen des Typen-
    rades gewählt werden. Nachteil: der Typenrad-Drucker ist
    relativ langsam.

    Gelegentlich wird die englische Bezeichnung "Daisy Wheel"
    (= Gänseblümchen) für das Typenrad verwendet.

Video-Interface: Interface, das die Computersignale in Video-
    signale für den Monitor umwandelt.

Zehner- oder Zahlenblock: Zusatztastatur für Eingabe von Zah-
    len. Der Zehnerblock entspricht der Tastatur von Tisch-
    rechnern mit Ziffern und Rechenfunktionstasten.

8 Auszug aus dem Marktangebot 16-bit-Mikrocomputer

In der folgenden Tabelle finden Sie eine Auswahl gängiger 16-bit-Mikrocomputer verschiedener Anbieter. Die Tabelle erhebt keinen Anspruch auf Vollständigkeit.

Die abgedruckten Tabellendaten wurden dem Buch PC Praxis, herausgegeben von Harald Schumny, Verlag Vieweg, entnommen.

Hersteller Typ	µP	Art	Tastatur	Anzeige (Stellen)	Bildschirm	Drucker	Netzteil	Batteriebetrieb	Betriebssystem, Sprachen	RAM	ROM	Ausbau bis	Floppy Disk	andere Maschinenspeicher	Kassettenrecorder Anschlüsse	Kassettenrecorder eingebaut	V.24	V.11	TTL	IEC	Besonderheiten (Preisklasse)
ACT																					
Apricot F1	8086	PC	*)		23 cm	INT	X		MS-DOS	256K		768K	3"	opt.			X				*) schnurlos (IR)
Apricot PC	8086 (8087) (8089)	PC	DIN separat *)	2x 40	30 cm	INT	X		MS-DOS, 256 CP/M-86, CP/M	256K		768K	2x 5,25"	opt. Festplatte			X				tragbar, PC-komp., 2 Steckpl., Graph. 800x400; (11000) *) Anzg. 2x40 Zeil.
Apricot Port.	8086	PPC	separat		LCD		X		MS-DOS	256K			3"								Spracheingabe (9000)
Apricot Xi	8086	PC	DIN		23 cm		X		MS-DOS	256K			5,25" 720K	Festplatte							(8800)
Macintosh	68000	PC	ASCII separat		23 cm	INT	X		BASIC	128K	64K		1x 3,5"	1xFD extern			X	X			Uhr, Gr. 512x342, Maus (8000)
AT & T																					
3B		PC																			vgl. Olivetti
PC6300	8086	PC	IBM separat		30 cm	INT	X		MS-DOS												PC-kompatibel
Basis																					
216	Z8001, 68000	PC	DIN		X	INT	X		Xenix	128K		16M	2x 5,25"	Festplatte			X				Graphik, ab (20000)
Bull																					
Micral 30	8088	PC	DIN separat		30 cm		X		MS-DOS	128K		640K	5,25"	opt. Festpl.							PC-kompatibel (9600)
Portal		PPC		*)				X		64K	4K										*) LCD 1x40
Burroughs																					
B 21	8088	PC	ASCII		X		X		BASIC, Pascal, FORTR, COB BTOS, MS-DOS, CP/M	256K		512K	2x 5,25"	Festplatte			3	X			Computernetz ab (25000)
B 22	8086	PC	DIN separat		X		X		BTOS, MS-DOS, CP/M	384K		640K	X	opt. Festpl.			2	X	X		Graphik 656x510 ab (18000)
B 25	80186	PC	DIN		X		X		BTOS	256K		1M	5,25" 630KB	opt. Festpl.			2				bis 6 Benutzer ab (24500)
Canon																					
AS-100	8088	PC	separat		30 cm	INT	X		CP/M-86, MS-DOS	128K		512K	2x 5,25"	opt. 8"							Farbgraphik, 640x400 (12000)
A-200	8086	PC	DIN separat		30 cm	INT	X		MS-DOS	256K	16K	512K	2x 5,25"	opt. Festpl.			X				
AS-300	80186	PC	DIN separat		30 cm 38 cm	INT	X		MS-DOS	256K	16K	768K	*)	Festpl. 40 MB			X				*) 3,5/6,25/8"
Casio																					
FP-6000	8086 (8087)	PC	DIN		30 cm	X	X		MS-DOS, CP/M-86	256K		768K	5,25" 1,2MB	Festpl. 20 MB							Farbgraph 640x400 (6000)
COLUMBIA																					
MPC	8088 +Z80 (8087)	PC	DIN separat		30 cm	INT	X		CP/M-86, MS-DOS, Xenix	128K	12K	1M	2x 5,25"	opt. Festpl.			2	X	X		8 Steckplätze, PC-komp. in HW u. SW, ab (8500)
MPC-VP	8088 (8087)	PC	DIN		23 cm	INT	X		"	128K	12K	256K	2				X				wie MPC, tragbar, 1 Steckpl. (10000)
Commodore																					
CBM Z8000	Z8000	PC					X		UNIX	256K	32K		X	X			2			X	Mehrplatzsystem, 128K Video-RAM, Graph. 1024x1024
PC 10	8088 (8087)	PC	DIN separat		30 cm	INT	X		MS-DOS	256K	8K	640K	2x 5,25"	RAM-Floppy			X				PC-komp, 5 Steckpl. Graphik (5650)
PC 20	8088 (8087)	PC	DIN separat		30 cm	INT	X		MS-DOS	256K	8K	640K	1x 5,25"	Festpl. 10 MB			X				sonst wie PC 10 (7500)
900	Z8000	PC	DIN separat		38 cm	INT	X		Coherent (UNIX)	512K		2M	X	Festpl. 67 MB			2			X	(10000)
COMPAQ																					
Deskpro 1-4	8086	PC	DIN		30 cm		X		MS-DOS	128K		640K	5,25"	Festpl. 30 MB							PC-komp., aber schneller
Deskpro 286	80286	PC	DIN		30 cm		X		MS-DOS	256K		8,2M	5,25"	Festpl. 70 MB							
PC	8088	PC	DIN		23 cm		X		MS-DOS	128K			2x								IBM-komp., tragbar, 2 Steckpl.
PC Plus	8088 (8087)	PC	DIN		23 cm	INT	X		MS-DOS	128K		640K	1x 5,25"	10 MB Festpl.			X				PC-XT-komp., Farbgraphik (S3000)
Portable 286	80286	PPC	DIN		23 cm	·	X		MS-DOS	256K		2,6M	5,25"	20 MB Festpl.							IBM-komp., aber schneller
Compudata																					
Tulip I	8086 (8087)	PC	DIN		30 cm	INT	X		CP/M-86, MS-DOS	128K	8K	896K	2x 5,25"	opt.			X	X	X		Farbgraphik ab (7000)
Tulip Advance	8086 (8087)	PC	ASCII separat			INT	X		MS-DOS 3.1	128K	16K	640K	2x 5,25"	opt. Festpl.			X				PC-kompatibel, 3 Steckplätze
Tulip Compact	8088 (8087)	PC PC	ASCII separat			INT	X		MS-DOS 3.1	128K	16K	512K	2x 5,25"	opt. Festpl.			X				PC-kompatibel, 4 Steckplätze
Control Data																					
Cyber 120-10	8086	PC	ASCII		30 cm		X		MS-DOS, CP/M-86	128K		768K	5,25"	opt. 15 MB							
Corona																					
PC 400	8088	PC	ASCII		36 cm		X		MS-DOS	256K		512K	5,25"	opt. Festpl.							PC-kompatibel, Graphik 640x400
Cromemco																					
System 1/3	68000 +Z80A	PC	ASCII separat		30 cm	INT	X		Cromix, CP/M	256K		2M	2x 5,25"	5,25" Festpl.			X				ab (25000)

Hersteller Typ	µP	Art	Tastatur	Anzeige (Stellen)	Bildschirm	Drucker	Netzteil	Batteriebetrieb	Betriebssystem, Sprachen	RAM	ROM	Ausbau bis	Floppy Disk	andere Maschinenspeicher	Anschlüsse	eingebaut	V.24	V.11	TTL	IEC	Besonderheiten (Preisklasse)
Data General DG/One	80C88	PPC	DIN	25x80	LCD	X	X		MS-DOS	128K	64K	512K	2x 3,5"	ext. 5,25"			X	X			PC-komp, 4,3 kg, Graphik 640x256 ab (11000)
Mod. 10	8086	PC	ASCII separat		30 cm		X		CP/M-86, MS-DOS	128K		768K	5,25"	opt.							Farbgraphik SW (10000) Color (18000)
Datavue 25	80C88	PPC	separat	25x80	LCD		X	X	MS-DOS	640K		1M	5,25"	RAM-Disk			X		X		5,5 kg
EPSON QX-16	8088 +Z80	PC	DIN		X	INT	X		MS-DOS, CP/M	512K	32K		5,25" 720KB	Festpl.			X				Graphik 640x400 (10000)
Ericsson Personal Comp.	8088	PC	DIN separat		30 cm	INT	X		MS-DOS, CC-DOS	128K	8K	640K	2x 5,25"	opt. Festpl.			X				PC-komp, 6 Steckplätze, 640x400
Portable PC	8088	PPC	DIN separat		28" *)	INT **)	X		MS-DOS	256K		512K	5,25"	RAM-Disk			X				7,6 kg, *) Plasma **) opt. eingebaut
Step One	8088 (8087)	PC	DIN separat		30 cm	INT	X		MS-DOS, CP/M-86	128K		512K	INT	Festpl. INT			X			X	PC-kompatibel, Farbgraph. 640x400, ab (10000)
Exxon 750	Z8000 +Z80	PC	DIN separat			INT	X		UNIX, CP/M, MS-DOS	512K		1M	1x 5,25"	Festpl. 10 MB			X				Multitasking Graphik 700x400 (20000)
FELTRON PC16	8088	PC	DIN		X	INT			CP/M-86	128K		1M	5,25" 620KB	opt. Festpl.	X		X				ab (8000)
FUJITSU Micro 16s	8086 +Z80A +6809	PC	DIN		X	INT	X		CP/M, CCP/M, MS-DOS	128K	4K	1M	2x 5,25"	opt. Festpl.			X				ab (7000)
Micro 16sx	8086 +6809 (Z80)	PC	DIN		X	INT	X		CP/M, CCP/M, MS-DOS	384K	4K		1x 5,25"	Festpl. 26 MB			X				
Future FX-20	8088	PC	ASCII separat		30 cm	INT	X		CP/M-86	128K	4K	1M	2x 5,25"				X	X			IBM-komp., DMA, Graphik (8000)
FX-30	8088 (8087)	PC	DIN separat		30 cm		X		CCP/M, MS-DOS	128K		1M	2x 5,25"	opt.			2	X			Graphik 1280x500 ab (10000)
Gavilan Gavilan	8088	PC	DIN	16x80		X	X	X	MS-DOS	80K		336K	1x 3,5"				X				tragbar (6 kg inkl. Drucker), Maus
Grid Case		PPC	ASCII			INT	X	X	MS-DOS			512K	3,5" 720K	opt. Festpl. MBM			X				PC-kompatibel 5,5 kg *) Plasma, **) 384 Kbyte
Compass II	8086 (8087)	PPC HC	ASCII	24x80	*)		X		MS-DOS	256K	512K	512K		MBM **)							
Hewlett-Packard HP-110	80C86	PC	ASCII	16x80				X	MS-DOS	272K CMOS	384K		INT				X				tragbar (5 kg), El Disk, Betr. Sys. in ROM, Graph 128x480 HP-IL (10700)
HP-150	8088	PC	DIN separat		23 cm	INT	X		MS-DOS, Pascal	256K		640K	2x 3,5"	opt. Festpl.			2			X	Berührungs-Bildschirm, Graphik 512x390, ab (14000)
HP-150II	8088	PC	DIN separat		30 cm	INT	X		MS-DOS	256K	160K	640K	3,5" 710kB	Festpl. 40 MB			X			X	sonst wie 150
Honeywell MICRAL 90-20	8088	PC	DIN separat		30 cm		X		CP/M-86, MS-DOS	256K			5,25"				X				Mehrplatzsystem Graphik 640x288
IBM PC	8088 (8087)	PC	DIN separat		30 cm		X		PC-DOS	16K	40K		2x 5,25"	opt. Festpl.			X				Graphik 640x200 (10000)
PCjr	8088	PC	DIN separat		TV/Mon	INT	X		PC-DOS	64K	6K	128K	1x 5,25"		X		X				PC-kompatibel
PC-XT	8088 (8087)	PC	DIN separat		30 cm	INT	X		PC-DOS, CP/M-86, UCSD-p	128K		640K	2x 5,25"	opt. Festpl.			X			X	8 Steckplätze, Graphik 720x360
PC-AT	80286 (80287)	PC	DIN separat		X	INT	X		PS-DOS, Xenix	512K		4M	5,25" 720KB	Festpl. 20 MB							
PC-ES		PC																			X	PC für das Labor sonst wie PC
PPC	8088	PPC	DIN				X		PC-DOS	256K		512K	5,25"								
3270		PC	DIN separat				X			320K		640K	5,25"	opt. 10 MB							
9000	68000	PC	ASCII separat		30 cm	X	X		RT-BASIC Pascal, FORTRAN	128K	128K	1M	X	X			X		X	3	Laborrechner, modular, Versabus Graphik
Kaypro 286i	80286 (80287)	PC	IBM separat		30 cm		X		PC-DOS 3,0	512K			2x 5,25"								AT-kompatibel (15000)
2000	8088 (8087)	PPC	ASCII	25x80	LCD		X	X	MS-DOS	256K		768K	3,5"	5,25" u. Festpl.							PC-komp., leicht (6500)

Hersteller / Typ	µP	Art	Tastatur	Anzeige (Stellen)	Bildschirm	Drucker	Netzteil	Batteriebetrieb	Betriebssystem, Sprachen	RAM	ROM	Ausbau bis	Floppy Disk	andere Maschinenspeicher	Anschlüsse	eingebaut	V.24	V.11	TTL	IEC	Besonderheiten (Preisklasse)
Kontron ERGO-PC 988	8088	PC	DIN separat		30 cm		X		MS-DOS	64K		512K	5,25"	Festpl.			2		X	X	2 Steckpl., Graph. 720×360 (1000), ab (13000)
ERGO-PC 9888	8088	PC	DIN separat		38 cm		X		MS-DOS	64K		512K	5,25"	Festpl.			2		X	X	3 Steckpl., Disks separat, ab (14000)
Mad Mad-1	80186	PC	DIN separat		30 cm	INT	X		MS-DOS, CCP/M	256K	48K	704K	1x 5,25"	Festpl.			2				PC-komp. (HW+SW), Graphik
M.A.I. MAI PC	8088	PC	DIN		30 cm	INT	X		MS-DOS	128K		640K	2x 5,25"	opt. Festpl.			X				ab (8000)
Mitsubushi DC-186	8086 (8087)	PC	DIN separat		36 cm	INT	X		MS-DOS, CP/M-86, CCP/M	256K		1M	2x 5,25"	opt. 8" und Festpl.			X			X	Graphik 1024×1024 ab (13000)
PC-816F	80286 +8088	PC	ASCII separat		30 cm	INT	X		MS-DOS Xenix	1M		5M	5,25" 1,2MB	Festpl. 30 MB			X				auch PC-kompat.
Morrow Design Pivot II	8088	PPC	ASCII	25x80	LCD				PC-DOS	256K			5,25"								Koffergerät
NCR Decision Mate V	Z80A +8088	PC	DIN separat		30 cm	INT	X		CP/M, MS-DOS	64K		512K	2x 5,25"	opt. Festpl.			X				Farbgraphik, ab (5250)
PC 41	8088	PC	DIN separat		30 cm	INT	X		MS-DOS, NCR-DOS	256K		640K	2x 5,25"	opt: Festpl.			X				PC-kompatibel ab (7600)
PC 8	80286	PC	separat		30 cm	INT	X		MS-DOS 3.1, Xenix	512K		4M	5,25" 1,2MB	Festpl. 40 MB							AT-kompatibel, 16 Benutzer
NEC APC	8086	PC	ASCII separat		30 cm		X		CP/M-86, MS-DOS	128K		256K	2x 5,25"								Graphik (15000)
APC III	8086	PC	DIN separat		30 cm	INT	X		MS-DOS	128K		640K									Graphik 640×400 4 Steckplätze
Nixdorf 8810/25-CPC	8088 (8087)	PPC	DIN separat		23 cm	X	X		MS-DOS	256K		640K	2x 5,25"	opt. Festpl.							wie Panasonic RL- 2 Steckpl., Thermodrucker (7500)
8810/65	80186	PC	ASCII separat		30 cm	INT	X		Con-DOS, MS-DOS	512K		1M	2x 5,25"	Festplatte			X				ab (12000)
Nokia PC	80186	PC	DIN separat		38 cm		X		MS-DOS	128K	16K	768K	5,25"	opt. Festpl.			X				IBM-kompatibel
Northern Tele.	80186	PC	DIN separat		38 cm		X		MS-DOS, Xenix	64K		256K	2x 5,25"				X	X			Graphik 800×420 (10000)
Olivetti M 20	Z8001	PC	DIN		30 cm	INT	X		CCP/M, MS-DOS	128K	8K	512K	2x 5,25"	opt. Festpl.			X		X	X	Farbe, ab (7000)
M 21	8086	PPC	DIN separat		23 cm	INT	X		MS-DOS CCP/M	128K	16K	640K	2x 5,25"	opt. Festpl.			X				tragbar, PC-komp. Graphik 640×400
M 24	8086 (8087)	PC	DIN separat		30 cm	INT	X		MS-DOS, CCP/M	128K	18K	640K	5,25" 720KB	Festpl. 27 MB			X				PC-kompatibel
3B	Bell	PC							UNIX	256K		8M	X	X							bis 18 E/A, bis 50 Bildschirme wie AT & T
Olympia People	8086	PC	DIN separat		30 cm	INT	X		CP/M-86	256K		896K	2x 5,25"	opt. Festpl.			X				Farbgraphik (15000)
OSBORNE Executive	Z80A +8088	PC	DIN separat		18 cm	INT	X		CP/M, MS-DOS	128K			2x 5,25"				2			X	Modem-Anschluß (4900)
Executive 2	8088	PC																			tragbar, PC-kompatibel (9000)
PC	8088	PC			18 cm	INT	X		MS-DOS	256K			2x 5,25"				2				tragbar, PC-komp., Graphik (10000)
Polo	80188 +Z80A	PC	DIN separat		30 cm	INT	X		MS-DOS, CP/M	128K	8K	768K	2x 5,25"				2			X	Modem-Anschluß (15000)
Vadem	80C86	PPC	DIN	25x80	LCD		X	X	MS-DOS	256K	16K	512K	2x 5,25"	RAM-Disk			X			X	4,7 kg, Uhr, DFÜ (8900)
Panasonic JB-3000	8088	PC	ASCII separat		X		X		CP/M-86, MS-DOS	96K		224K	opt.								Farbgraphik (10000)
RL-H7000	8088 (8087)	PPC	IBM separat		23 cm	X	X		MS-DOS	256K		640K	2x 5,25"	opt. Festpl.			X				Externbox (7000)
PCS CADMUS 9000	68000	PC	DIN separat		X	INT	X		UNIX	0,5M		4M	X	X			4				Q-Bus
Philips PC	80186	PC	DIN *)		30 cm		X		MS-DOS, CP/M-86,	128K	64K	640K	3,5" 720KB	5,25" u. Festpl.			X	X		X	AT-kompatibel ab (4000)
PCP 3100		PC	DIN																		PC-kompatibel

Hersteller Typ	µP	Art	Tastatur	Anzeige (Stellen)	Bildschirm	Drucker	Netzteil	Batteriebetrieb	Betriebssystem, Sprachen	RAM	ROM	Ausbau bis	Floppy Disk	andere Maschinenspeicher	Kassettenrecorder Anschlüsse	eingebaut	V.24	V.11	TTL	IEC	Besonderheiten (Preisklasse)
P 3100 PC	8088	PC	DIN separat		30 cm	INT	X		MS-DOS	128K		512K	5,25"	opt. Festpl.							PC-kompatibel (7300)
Rank Xerox 16/8	Z80 +8086	PC	DIN separat		30 cm		X		CP/M, MS-DOS	128K	8K	256K	2x 5,25"	opt. Festpl.			X				Ethernet ab (6000)
Sanyo MBC 550	8088 (8087)	PC	DIN separat		30 cm	INT	X		MS-DOS	128K	8K	512K	1x 5,25"	opt. Festpl.			X				(3700)
MBC 555	8088 (8087)	PC	DIN separat		30 cm	INT	X		MS-DOS	128K	8K	512K	2x 5,25"	opt. Festpl.			X				(4200)
MBC 775	8088	PPC	DIN separat		23 cm		X		MS-DOS	256K	8K	640K	2x 5,25"				X				(6800)
SEL ITT XTRA	8088 (8087)	PC	IBM separat		36 cm	INT	X		MS-DOS	256K		640K	2x 5,25"	opt. Festpl.			X				PC-kompatibel, s. auch ITT (11000)
SHARP MZ-5600	8086	PC	DIN		30 cm		X		MS-DOS, CP/M-86	256K	16K	512K	5,25" 860KB	opt. Festpl.			X				ab (8000)
OA-8120 DX	68000	PC	DIN separat		X		X		UNIX	768K		4M	X	Festplatte			X				8 Benutzer
PC-5000 G	8088	PPC	DIN	8x 40	LCD	INT **)	X	X	MS-DOS, erweit. BASIC	128K	192K	256K	INT	*)	X		X				tragbar (5 kg), Klapp-LCD (5700) *) 128Kbyte MBM **) Drucker einsteckbar
Siemens PC 16	8088	PC	DIN separat		30 cm	INT	X		CP/M-86	128K		768K	5,25"	Festplatte			X	X			LAN (12000)
PC 16-11	8088	PC	DIN separat		30 cm	INT	X		CCP/M-86	128K	2K	384K	2x 5,25"	Festpl. 10 MB			2	X		X	opt. Farbgraphik, ab (12000)
PC 16-11/05	8088 (8087)	PC	DIN separat		30 cm	INT	X		MS-DOS	256K		640K	2x 5,25"	opt. Festpl.			X				PC-kompatibel
PC-D	80186	PC	DIN separat		30 cm		X		MS-DOS	128K		512K	2x 5,25"	opt. Festpl.			X	X			
Sperry PC	8088 (8887)	PC	IBM		30 cm	INT	X		MS-DOS, CCP/M	128K		640K	2x 5,25"	opt. Festpl.							PC-kompatibel, Farbgraphik
SP 1	8088	PPC	DIN		23 cm	INT	X		MS-DOS	256K			5,25"				X				4 Steckplätze
SP 2	8088	PPC	DIN separat		23 cm	INT	X		MS-DOS	256K			2x 5,25"				X				PC-kompatibel Graphik 600x400
SP X	8088	PPC	DIN separat		23 cm	INT	X		MS-DOS	256K			5,25"	Festpl.			X				3 Steckplätze
UTS60	68000	PC	separat				X		CP/M-68K			2M	X	X							Farbgraphik
Tandberg Tea 1000	80186	PC	DIN separat		30 cm		X		MS-DOS	128K		512K	2x 5,25"	opt. Festpl.			2	2			Farbgr. 640x400
Tom 4000	68000	PC							UNIX	512K		2M									12 Benutzer
Tandy Model 1000	8088	PC	ASCII		X	INT	X		MS-DOS	128K		640K	5,25"				X				PC-komp., 3 Steckplätze (5000)
Model 1200HD	8088	PC	ASCII			INT	X		MS-DOS	256K			5,25"	Festpl.							(S 3000)
Model 2000	80186	PC	ASCII separat		30 cm	INT	X		MS-DOS	128K		768K	2x 5,25"				X		X		PC-komp., 4 Steckplätze (9000)
TCS GENIE 16C	8088 (8087)	PC	DIN separat		30 cm	INT	X		MS-DOS, CP/M	256K	8K	640K	2x 5,25"	opt. Festpl.			X				PC-kompatibel (5000)
Televideo Tele PC	8088	PC	DIN separat		36 cm	INT	X		MS-DOS, CP/M-86	128K		256K	2x 5,25"				2				PC-komp., Graphik 640x200 (9000)
Tele XT	8088	PC	IBM separat		23 cm	INT	X		MS-DOS	128K		256K	1x 5,25"	Festpl. 10 MB			X	X			PC/XT-komp., Graph 640x200 (S 5000)
TPC-II	8088	PPC	IBM separat		23 cm	INT	X		CP/M-86	256K	8K		2x 5,25"				X	X	X		PC-komp., (9900) Modem, Graphik 640x200 (S 3000)
Texas Instr. PPC	8088 (8087)	PC	ASCII separat		23 cm	INT	X		MS-DOS	128K		768K	1 o. 2 5,25"	Festpl. 10 MB							tragbar, 5 Steckpl., Farbgraphik, Tastatur wie Prof.
Prof. Computer	8088	PC	ASCII separat		30 cm	INT	X		MS-DOS, CP/M-86	64K		256K	2x 5,25"	opt. Festpl.			X				Farbgraphik (10000)
Pro-Lite	80C88 (8087)	HC	ASCII	25x 80	LCD *)	INT	X	X	MS-DOS, CCP/M	256K		768K	3,5"	opt.			X				4,8 kg. Graphik *) 30 cm (12500)
Toshiba T-300	8088 (8087)	PC	DIN separat		30 cm	INT	X		MS-DOS, CP/M-86	129K		512K	5,25" 720KB	opt. Festpl.			X			*)	opt. 14" Color *) opt. (5000)
T-1100	80C88 (8087)	PPC	DIN	25x 80	LCD	INT		X	MS-DOS	256K		512K	3,5" 720KB				X				4,1 kg (6500)
T-1500	8088 (8087)	PC	IBM separat		30 cm	INT	X		MS-DOS	128K		640K	2x 5,25"	opt. Festpl.			X				PC-komp., 3 Steckplätze (7500)

Hersteller / Typ	µP	Art	Tastatur	Anzeige (Stellen)	Bildschirm	Drucker	Netzteil	Batteriebetrieb	Betriebssystem, Sprachen	RAM	ROM	Ausbau bis	Floppy Disk	andere Maschinenspeicher	Anschlüsse	eingebaut	V.24	V.11	TTL	IEC	Besonderheiten (Preisklasse)
Triumph-Adler Alphatr. PC2	8088 (8087)	HC	DIN		TV, Mon	INT	X		MS-DOS	64K		128K	opt.				X				(2000)
Alphatr. PC16	8088	PC	DIN		30 cm	INT	X		MS-DOS, EUMEL	64K	64K	128K	opt.			X	X				ab (1800)
Alphatr. P30	8088	PC	DIN separat		30 cm	INT	X		CP/M-86, MS-DOS	128K		512K	5,25" 800KB	opt. Festpl.			X				(12000)
Alphatr. P50	80186	PC	DIN separat		30 cm	INT	X		MS-DOS	256K		512K	5,25" 800KB	opt. Festpl.			X				ab (8300)
VICTOR Sirius VI	8088 (8087)	PC	DIN separat		30 cm	INT	X		MS-DOS, CP/M-86	256K	48K	1,9M	2x 5,25"	opt. Festpl.			2				PC- u. Sirius-I- kompatibel tragbar, Graphik 800×400
Vicki	8086	PC	DIN		23 cm		X		MS-DOS	256K	8K		2x 5,25"				X				
Victor 9000	8088	PC	DIN separat		30 cm	INT	X		CP/M-86, MS-DOS	128K		1M	2x 5,25"								100 % Sirius-komp. Graphik (14000)
VPC 15	8088	PC	IBM separat		36 cm	INT	X		MS-DOS	256K			5,25"	Festpl. 15 MB							PC-kompatibel (9000)
VPC 30	8088	PC	IBM		36 cm	INT	X		MS-DOS	256K			5,25"	Festpl. 30 MB							(15000)
Wang Assistent	80186 (8087)	PC	DIN		30 cm		X		Wang	320K		10M	X	opt. Festpl.			X				(10000)
PC	8086	PC	DIN separat		30 cm	INT	X		MS-DOS	128K		640K	5,25"	opt. Festpl.							IBM-kompatibel ab (9000)
Wyse WY 1000	80186	PC	ASCII		36 cm		X		MS-DOS	256K		768K	2x 5,25"								Farbgraphik 1024×768
WY 1100	8088 (8087)	PC	DIN		36 cm	INT	X		MS-DOS	256K	16K		2x 5,25"	opt. Festpl.			2				PC-kompatibel, 4 Steckplätze
ZENITH Z-100	8088 +8085	PC	DIN		30 cm	INT	X		CP/M-86, MS-DOS	128K		768K	2x 5,25"	opt. Festpl.			2			X	S-100-Bus, Farb- graphik (13000)
Z-100/PC	8088 (8087)	PC	DIN separat		30 cm	INT	X		MS-DOS	128K		640K	5,25"				2				PC-kompatibel, Farbgraphik
Z-148 PC	8088	PC	DIN		30 cm	INT	X		MS-DOS	128K		640K					X				
Z-150	8088	PC				INT (2x)	X		MS-DOS	128K			5,25"	opt. Festpl.			2				PC-kompatibel
Z-160 Port.	8088	PC			23 cm	INT	X		MS-DOS	128K			5,25"				2				tragbar, wie Z-150 (9000) 6,8 kg
Z-171	80C88	PPC	DIN	25x 80	LCD				MS-DOS	256K		640K	2x 5,25"								
Z-200	80286	PC	DIN		30 cm	INT	X		MS-DOS 3.1 und Xenix	1,5M			5,25"	Festpl. 20 MB			X				AT-kompatibel, LAN-Anschluß

9 Sachwortverzeichnis

Notizen

Notizen

Arbeitsblätter

Zwischenergebnis 1

Wir werden dafür Pflichtenhefte erarbeiten:

Zwischenergebnis 2

Wir benötigen ein   E INPLATZ-System / MEHRPLATZ-System

Wir wollen FENSTERTECHNIK einsetzen   JA / NEIN

Wir wollen GRAFISCHE ANWENDERHILFEN einsetzen   JA / NEIN

                    Mehrzweck-Software:

Wir wollen TEXTVERARBEITUNG einsetzen   JA / NEIN

Wir wollen TABELLENKALKULATION einsetzen   JA / NEIN

Wir wollen ein DATENBANKSYSTEM einsetzen   JA / NEIN

Wir wollen GRAFIK einsetzen   JA / NEIN

Wir wollen ein INTEGRIERTES SYSTEM einsetzen   JA / NEIN

                    Einzweck-Software:

Wir wollen STANDARD-SOFTWARE einsetzen   JA / NEIN

Wir streben INTEGRATION an   JA / NEIN

Zwischenergebnis 3

Programmname, Arbeitsgebiet				
Hersteller				
Anbieter				
Betriebssystem				
Hauptspeicher- bedarf KB				
Mindest- Hardware				
Verarbeitungs- Kapazität				
Integration mit Programm				
Bedienersprache				
Handbuchsprache				

```
========================================================================
! Programmname,  !               !              !              !         !
! Arbeitsgebiet  !               !              !              !         !
!                !               !              !              !         !
!                !               !              !              !         !
!=======================================================================!
! Kaufpreis      !               !              !              !         !
!-----------------------------------------------------------------------!
! Anpassungskost.!               !              !              !         !
!-----------------------------------------------------------------------!
! Bemerkungen    !               !              !              !         !
!                !               !              !              !         !
!                !               !              !              !         !
!                !               !              !              !         !
!                !               !              !              !         !
!                !               !              !              !         !
!                !               !              !              !         !
!=======================================================================!
```

Allgemeines:

Dieses Betriebssystem wird benötigt: ....

Dieser größte Arbeitsspeicher wird benötigt: .... KB

Bildschirm:

Der Bildschirm muß Farbe darstellen   JA / NEIN

Drucker:

Der / die Drucker sollen arbeiten mit: Matrix / Typenrad

Der Drucker muß grafikfähig sein   JA / NEIN

Diese Papierdurchlassbreite ist nötig: DIN A4   hoch / quer

Massenspeicher:

Wir benötigen soviel Diskettenlaufwerke   ....

Jedes Laufwerk soll diese Kapazität haben   .... KB

Wir benötigen eine Festplatte dieser Kapazität   .... MB

Typ:

Home-Computer / Handheld / Tischgerät / Portable

Kompatibilität:

Mikroprozessor   8 Bit / 16 Bit / 32 Bit

Bus   8 Bit / 16 Bit / 32 Bit

Hardware-Kompatibilität zu APPLE II   JA / NEIN

Software-Kompatibilität zu CP/M   JA / NEIN

Hard- und Software-Kompatibilität zu IBM   JA / NEIN

______________ Kompatibilität zu ______________ JA / NEIN

Ausbaufähigkeit:

Erweiterung um Druckerpuffer, RAM-Disk .... KB

Der Rechner soll folgende zusätzliche Funktionen erfüllen,
evtl. durch die Erweiterung um Steckkarten:

Drucker:

Typenrad   JA / NEIN

Matrix   Qualität: normal / mittel / hoch

Spezielle Funktionen   proportional / fett / ....

Papierzuführung: Einzelblatt / Traktor / Schacht

Papierdurchlassbreite   DIN A4   hoch / quer

zusätzliche Tastatur   JA / NEIN

Schnittstelle   seriell / parallel

Druckeranpassung   Hardware / Software

Tastatur:

Deutsche Schreibmaschinentastatur   JA / NEIN

Programmierbare Funktionstasten   JA / NEIN

Ziffernblock   JA / NEIN

Cursorblock   JA / NEIN

frei aufstellbar   JA / NEIN

fühl- und hörbare Bestätigung   JA / NEIN

Andere Eingaben:

Maus   JA / NEIN

Kontakt-Bildschirm   JA / NEIN

Bildschirm:

frei und beweglich aufstellbar   JA / NEIN

Abmessungen   9 / 12 Zoll

24 oder 25 Zeilen zu je 80 Zeichen   JA / NEIN

Auflösung   normal / mittel / hoch

Farbe   JA / NEIN

Deutsche Handbücher:

Unbedingt erforderlich   JA / NEIN

Kostenzusammenstellung

```
                       ----------- Preise ohne MWST ----------------
==============================================================================
!          Anbieter !                !                 !                       !
!            Modell !                !                 !                       !
!                   !                !                 !                       !
! Hardware          !                !                 !                       !
!============================================================================!
! Grundausstattung  !                !                 !                       !
!----------------------------------------------------------------------------!
! Bildschirm        !                !                 !                       !
!----------------------------------------------------------------------------!
! Drucker 1         !                !                 !                       !
!----------------------------------------------------------------------------!
! Drucker 2         !                !                 !                       !
!----------------------------------------------------------------------------!
! Disk-laufwerk 1   !                !                 !                       !
!----------------------------------------------------------------------------!
! Disk-laufwerk 2   !                !                 !                       !
!----------------------------------------------------------------------------!
! Festplatte        !                !                 !                       !
!----------------------------------------------------------------------------!
! Speichererweit.   !                !                 !                       !
!----------------------------------------------------------------------------!
! Druckerpuffer     !                !                 !                       !
!----------------------------------------------------------------------------!
! RAM-Disk          !                !                 !                       !
!----------------------------------------------------------------------------!
! Kabel             !                !                 !                       !
!----------------------------------------------------------------------------!
! Verbrauchsmater.  !                !                 !                       !
!----------------------------------------------------------------------------!
! Übertrag          !                !                 !                       !
==============================================================================
```

```
                          ----------- Preise ohne MWST ----------------
===================================================================
!         Anbieter !              !              !              !
!         Modell   !              !              !              !
!                  !              !              !              !
! Hardware         !              !              !              !
!=================================================================!
! Übertrag         !              !              !              !
!-----------------------------------------------------------------!
!                  !              !              !              !
!-----------------------------------------------------------------!
!                  !              !              !              !
!-----------------------------------------------------------------!
!                  !              !              !              !
!-----------------------------------------------------------------!
!                  !              !              !              !
!-----------------------------------------------------------------!
!                  !              !              !              !
!=================================================================!
! Gesamt           !              !              !              !
===================================================================
```

	Gewicht in Prozent	Zielerfüllung	Nutzwert	Zielerfüllung	Nutzwert
Systemmerkmale	( )	--	--	--	--
o Hardware-Typ					
o Kompatibilität					
o Ausbaufähigkeit					
o Drucker					
Bedienungsmerkmale	( )	--	--	--	--
o Tastatur					
o Andere Eingaben					
o Bildschirm					
o deutsche Handbücher					
Kostenmerkmale	( )	--	--	--	--
o Anschaffungskosten					
o Folgekosten					
Gesamtnutzen	100	--		--	

	Gewicht in Prozent	Zielerfüllung	Nutzwert	Zielerfüllung	Nutzwert
Systemmerkmale	( )	--	--	--	--
o Hardware-Typ					
o Kompatibilität					
o Ausbaufähigkeit					
o Drucker					
Bedienungsmerkmale	( )	--	--	--	--
o Tastatur					
o Andere Eingaben					
o Bildschirm					
o deutsche Handbücher					
Kostenmerkmale	( )	--	--	--	--
o Anschaffungskosten					
o Folgekosten					
Gesamtnutzen	100	--		--	